生活·陪伴·成长

生活就是最好的教育

张明炯　成仁伟◎主编

浙江科学技术出版社

图书在版编目（CIP）数据

生活·陪伴·成长：生活就是最好的教育 / 张明炯，成仁伟主编. — 杭州：浙江科学技术出版社，2021. 12

ISBN 978-7-5341-9198-5

Ⅰ. ①生… Ⅱ. ①张… ②张… Ⅲ. ①儿童教育-家庭教育 Ⅳ. ①G782

中国版本图书馆CIP数据核字（2021）第253302号

书　　名	生活·陪伴·成长：生活就是最好的教育
主　　编	张明炯　成仁伟

出版发行	浙江科学技术出版社 杭州市体育场路347号　邮政编码：310006 办公室电话：0571-85176593 销售部电话：0571-85062597 网　址：www.zkpress.com E-mail：zkpress@zkpress.com
排　　版	杭州兴邦电子印务有限公司
印　　刷	浙江海虹彩色印务有限公司

开　　本	710×1000　1/16	印　张	15.75
字　　数	216 000		
版　　次	2021年12月第1版	印　次	2021年12月第1次印刷
书　　号	ISBN 978-7-5341-9198-5	定　价	58.00元

责任编辑　刘　雪　　**责任校对**　张　宁

责任美编　金　晖　　**责任印务**　田　文

插画绘制　张诗澜

编委会

儿童的成长
在每时每刻的生活里

杜威曾说："教育应当是生活本身，而不是生活的预备；生活和经验是教育的灵魂，离开生活和经验就没有成长，也就没有教育。"可见，教育与生活是唇齿相依的，儿童的教育脱离不了他们的生活。以生活能力为起点，以儿童生活为中心，在生活中使儿童自然而有效地获得全面发展，这就是生活化教育。生活化教育是对儿童的一种尊重，它来源于生活，却高于生活。它是一个需要儿童付出多种努力的过程，更是一个需要儿童多种感官参与的过程。

在生活化教育里，我们教师不再用单一的教授形式教育儿童，而是学会仔细观察儿童、认真倾听儿童的声音，抓住隐藏在一日生活中的教育契机，追随儿童探究的脚步，实现教育与生活的完美结合。在生活化、游戏化的学习过程中，支持儿童用自己的方式来完成自我建构，引导儿童将所学的知识运用到生活中，解决生活中的问题，并培养他们在生活中发现问题的意识和能力。如帮助孩子实现对影子的趣味探究，通过猜测、绘画、测量等一系列实践活动，激发他们对影子等自然现象的兴趣；帮助孩子认识时间，鼓励孩子自主合理地规划一日作息时间；引导孩子在生活中遵守公共秩序、保护环境……

儿童的成长需要高质量的陪伴，生活化教育的实施需要家长的共同参与。在教育实践中，我们发现很多家长虽然能够意识到家庭教育在儿童成长中的重要作用，但由于缺乏科学的育儿理论和方法指导，不知道如何正确教育孩子。也有不少家长由于工作繁忙等原因，不能有效地陪伴孩子。家长要如何配合教师实现生活化的教育？我们围绕家庭教育中普遍存在的问题，针对家长的困惑和需求，将幼儿园里发生的生活化的教育故事进行整理、分类，以期能给家长提供指导和参考，帮助家长科学育儿，达到家园共育的目的。

近些年，我们一直都在进行课程生活化研究，积极建构有温度、有生命力的“生活化课程”体系。经过各幼儿园的反复实践，逐渐形成并完善了“由幼儿园指导、可在家庭内开展”的《生活·陪伴·成长：生活就是最好的教育》一书。本书分为四章，涉及孩子生活的许多方面，包括生活习惯、时间管理、规则意识、情绪管理、人际交往、探究意识……分别指向孩子生活、学习与社会适应等方面的发展。每篇文章都是围绕儿童生活展开的，以一个个灵动、趣味的生活小故事呈现。文末特别设置了“给爸爸妈妈的话”板块。该板块将故事中的要点进行梳理和分析，给予家长合理的教育建议，帮助家长学会捕捉教育契机，在家庭中实现更好的陪伴。

对儿童来说，家庭和幼儿园就是他们的世界，让我们和家长共同成为课程的深度参与者，携手抓住每一次生活教育的时机，对儿童进行积极引导，相信我们将和儿童一起从中受益。希望我们合力创造一个充满阳光、雨露和微笑的世界，让儿童成长在每时每刻的生活里，让教育渗透在每时每刻的生活里，让儿童在成为“我自己”的路上越走越远……

本书编委会

主编寄语

▶ **张明炯**

《幼儿教育》杂志主编，中国学前教育研究会第九届理事会世界学前教育组织（OMPE）中国委员会委员

养育孩子没有“说明书”。你每天都在与孩子互动，但并非所有的互动都是积极有效的。本书结合大量有趣的案例，让你了解和掌握如何高质量地陪伴孩子。你需要做的只是提倡“儿童立场”“以儿童为中心”“尊重儿童主体性”，以儿童的兴趣和需要为基础，发起活动，引导儿童积极参与和互动。阅读本书后，你会去实践一种富有创造性的、将课程生活化的亲子共享生活。

◀ **成仁伟**

长兴县教育局副局长，中小学高级教师

生活是最好的教育。幼儿教育来源于生活，又回归于生活。对儿童来说，家庭和幼儿园就是他们的世界。在幼儿园里，课程生活化是幼儿教育回归儿童生活的具体体现；在家庭里，幼儿教育更离不开家长的陪伴。幼儿园和家庭之间要形成合力，实现家园互动、合作共育，一起科学育儿。

家长们，让儿童健康、快乐地成长是我们的愿望，也是我们的责任。让我们一起合作，努力为孩子们的成长营造良好的教育氛围！

目录

第1章 陪孩子融入这个世界

第2章
陪孩子养成受益一生的好习惯

第3章
陪孩子认识这个世界

第4章
陪孩子玩转世界

第1章

陪孩子融入这个世界

小朵入学记

缓解入园焦虑

又到了九月开学季，一群可爱的宝贝即将开启全新的旅程——从家庭走进幼儿园。只是这一跨步并不容易，绝大多数的孩子都会进入一个让所有人都头疼的时期，也就是入园焦虑期。那如何让孩子顺利度过这个时期呢？这虽是个老生常谈的话题，但并不代表我们处理起来已经得心应手了，我们面对哇哇大哭、情绪失控的孩子还是会束手无策的。

小朵是我们班中有较严重的入园焦虑的孩子。每天早晨，当要和奶奶分离的时候，她便号啕大哭，止都止不住，小小的她用尽全身力气在抗拒。在园的一日生活中，小朵会时不时地哭闹，不愿参与集体游戏。对她来说，吃饭、睡觉、盥洗都成了问题……

伤心还剩这么点儿

“我要奶奶！哇，我要回家……”熟悉的哭声又在班里响起。小朵的奶奶将小朵送到我手上后就转身离去，而小朵在我怀中仍止不住地哭闹与挣扎。

“好啦，宝贝，老师在呢！”我轻轻拍着小朵的背，希望她能够渐渐平息下来，可她的哭闹声仍不见小。

我接着说：“老师知道你现在很难过，还有一点儿生气对吗？”小朵听了这句话居然短暂地停止了哭闹，然后轻轻地点了点头。

我再接再厉，“那我知道了，你哭是很正常的呀！没有关系，老师会一直在这里陪你的。”小朵这时候已经由大哭变成了轻声啜泣。

“你现在还有多少伤心呀？伤心有没有变少了一些呢？”

“还有这么点儿。”小朵伸出两根食指在面前比画一番，“马上就好了。”

“好的，那等你不再伤心了，我们一起去那边的‘娃娃家’玩好吗？娃娃还没吃早饭，他可能饿啦……”小朵的目光跟随着我的话语来到了“娃娃家”，她马上就被琳琅满目的材料吸引住了。

早晨入园时，孩子对分离焦虑的反应最大。要想让正处于激动情绪之中的孩子平静下来，大人只能比孩子更冷静，并且给予孩子一定的安全感。我对小朵的焦虑情绪表示出理解，并能在言语中告诉她我会一直陪伴她，这让她渐渐卸下心防。在尝试相信我后，小朵的注意力马上被丰富多彩的区角材料吸引了，她渐渐停止哭闹，开始游戏了。

“小哭包”变身“小能干”

晨间交往结束后，早锻炼的音乐响起了。小朵突然又开始哭闹起来，她要妈妈，要奶奶，甚至还想往教室外跑。我抱着她，用小汽车、图画书吸引她，但还是不管用。

这时，班上的另一位老师打开了音响，小朵马上被音响的开机声吸引住了，但紧接着又开始哭闹。这时，我灵机一动，除了可以用玩具吸引孩子的注意力之外，我是不是还可以交给她一个小任务，请她帮帮忙呢？

于是，我对小朵说：“小朵，我们现在要去做操了，但是张老师还要去拿材料，她拿不下音响了，你愿意去帮帮她吗？”小朵思考了一会儿，噔噔噔地跑去拎音响，然后跟着大家出去了。早锻炼结束后，小朵又主动拎起音箱回到了教室。

“小朵今天真棒，帮助大家把音响拿出去了，还保管得很好呢！”回到教室后，我对小朵点头称赞，其他小朋友也纷纷对小朵表示感谢。小朵因为成功帮助了他人且收获了老师、同伴的肯定而开心，同时她焦虑不安的情绪也得到了缓解。

午睡的约定

“小朋友们，接下来我们要睡觉觉啦，现在先去上个厕所吧！”我正组织孩子们进入盥洗室，做午睡的准备工作，小朵却仍站在原地一动不动。

“老师，我不想睡觉觉，为什么一定要睡觉觉呀？”说着说着，她越来越伤心，接着就哭了起来。

“那你为什么不想睡觉呢？总有个原因吧。”

“我在家里也不睡觉觉呀。”小朵哭着回答，“我想回家，想妈妈……”

“等你睡好觉起来，吃好点心，玩会儿游戏，妈妈就来接你了。”看着小朵拒绝沟通的样子，我接着说：“这样吧，老师给妈妈发个信息，让她一定要准时来接小朵，这样放学时间一到，小朵就能跟着妈妈回家了，好吗？”

“嗯……好的，那要妈妈第一个来接我！”

这天中午，小朵握着我的手第一次睡着了。一个小小的约定，让她有了安全感和期待，妈妈的准时到来也彻底让小朵放下心来。小朵渐渐建立起了对我和周围人的信任，她的焦虑情绪自然而然地减少了。

给爸爸妈妈的话

从家庭到幼儿园，是孩子跨入社会的第一步，也是他们开始集体生活的起点。在这个过程中，孩子容易产生焦虑情绪，甚至一个家庭也会如此。那么在这种情况下，孩子又怎能顺利地快速适应幼儿园生活呢？作为孩子身边最亲密的人，家长的一言一行势必影响着孩子，家长的过度担心反而会给孩子带来压力，从而加重孩子的入园焦虑。

❶ 积极的言语暗示

作为家长，我们首先应该有一个积极的心态，给孩子提供一个轻松、愉快的家庭环境，为缓解入园焦虑打下坚实的基础。而且，我们要全身心地信任自己的孩子，相信他是一个有能力的学习者，不必过度紧张。在入园前，我们可以对孩子进行积极的言语暗示：幼儿园里有许多好玩、有趣的玩具，还有很多小伙伴会陪你一起玩哦！老师会一直陪着你的，就像妈妈一样……避免消极的言语暗示，如“你不听话，我就把你送到幼儿园！”“你去不去？不去的话我就不来接你了！”。诸如此类的话语只会让孩子更加缺少安全感，也会增加孩子的恐惧感和上幼儿园的心理负担。

❷ 转移孩子的注意力

孩子在入园时会紧张、焦虑、哭闹不止，这些都是很正常的情况。当然，家长会心疼，会不放心，会依依不舍。但这时，请您一定要“狠下心”来，将孩子交到老师手里后就马上离开，不然孩子只会不停地、变本加厉地哭闹。只有家长先离开，孩子的注意力才会有所转移。

哭闹不止的时候，孩子总是沉浸在自己的世界中，这时吸引其注意力也并不是一件容易的事。在玩具不起作用时，家长不妨试试制造一个小机会，向孩子寻求帮助，让孩子体验到帮助别人的快乐，那么孩子的注意力自然就不在原本令他伤心的事上了。

❸ 给孩子满满的安全感

几乎所有的孩子都会在1岁左右形成对妈妈的依恋，这种依恋是很难被其他依恋关系所替代的。当孩子与妈妈形成安全的依恋关系时，他对陌生人和陌生环境的接受度往往比较高，反之，则对周围的人和事物缺乏信任感和安全感。因此，在入园前，妈妈就要有意识地调整自己的教养方式，让自己和孩子之间形成信任、亲密的关系，给孩子满满的安全感，并且可以通过一些小约定，如答应孩子的事情一定做到，来获得孩子的信任，让孩子知道妈妈是不会骗自己的。这样，孩子在幼儿园才更容易对妈妈“放手”，也对与他有着亲密依恋关系的家人“放手”。

❹ 培养孩子的生活自理能力

除了心理因素之外，孩子的入园焦虑还来自生理因素。我们发现，孩子哭闹的原因很大一部分是各种的“我不会”。面对一日生活中的各个环节，生活自理能力的缺失会让孩子经常感到不安与紧张，所以家长在孩子入园前就可以有意识地教导孩子学习基本的自理技能、养成良好的生活习惯，如让孩子在家养成午睡习惯，教会孩子上蹲厕、自己擦屁股、穿脱裤子等。这些能力就是孩子能顺利摆脱入园焦虑、适应幼儿园生活的基础。

焦虑的情绪常有，但是并不可怕。如果家长能从以上几个方面着手准备以应对入园焦虑，相信孩子也能更顺利、更愉快地适应幼儿园生活！

延伸练习

爸爸妈妈可以在平时的生活中与孩子约定一些小事，这有利于建立起相互更信任、更亲密的亲子关系；在孩子哭闹时，可以试着用多种方式转移孩子的注意力。

（长兴县水木花都幼儿园供稿，刘玥执笔）

去哪里露营好呢

说出自己的观点

最近这段时间天气很好，我和孩子们计划去外面露营，但是究竟该去哪里露营呢？孩子们却犯了难。多多说："老师，睡在外面安全吗？会不会有蛇？我们去哪里露营？"其他孩子也跟着说"我怕""老师，我想去山上露营""老师，我们想去人民广场露营"……

那么，最适合孩子露营的地方究竟是哪里呢？孩子们对于露营这件事情是完全没有经验的，作为对这件事情拥有实际掌控权的大人，我们当然可以很轻松地替孩子们做决定，然后来一次愉快的露营。但是那样的话，孩子们好像就错过了什么。是的，他们错过了自由表达自己的观点，然后与同伴共同寻找解决方案的机会。我忽然有了一个更加有趣的想法，要不让孩子们自己来决定去哪里露营吧！

去哪里露营

孩子们叽叽喳喳地表达自己的观点，谁也说服不了谁。最后，大家决定用投票的方式来确定地点。

投票前当然少不了仪式感满满的拉票喽！孩子们将自己想去的地方用绘画的形式记录下来，有的画行政中心，有的画人民广场，还有的画绿野仙踪……接着，大家拿着绘画纸为自己选择的地方拉票。

甜甜和圈宝因为去过自己选择的地方，所以首先想到的是用自己的经验说服大家。甜甜说："我觉得去人民广场露营好，我很喜欢。"圈宝说："绿野仙踪好，那边特别好玩。"

而多多呢，有了更多自己的分析："晚上在行政中心玩的人最多，而且行政中心地方大，还有灯，我们就不会害怕了，所以在这里露营最安全。"

当然，也有孩子会根据别人的意见辩驳："晚上绿野仙踪那里人很少，我有点儿害怕。"

其他孩子也少不了附和："对，对！""我也喜欢这里，可好玩了……"

经过一轮拉票，每个孩子都为自己心仪的地点投了票。最后绿野仙踪的票数最多，行政中心和人民广场的票数很接近。

来一场辩论吧

遗憾的是，孩子们对投票确定的地点仍然有不同的意见。为了让孩子们更加充分地表达自己的意见，我决定让他们来一场辩论。大家先分组，每组通过举手发言可获得一分，于是一场关于露营地点的辩论开始了。

"人民广场好，那边有厕所。""绿野仙踪有很大的草地，有许多草坪，我在电视里看到过露营的场地最好是大草原。""我也看到过绿野仙踪那里有许多人露营，那边很好玩，可以做游戏，还可以烧烤。如果在人民广场露营，会有城管来抓，而且也不可以烧烤。"这时，平常不太发言的沫沫也突然站起来说："人少，如果有坏人出现，没人救我们怎么办？"

各方都有自己的理由，大家七嘴八舌地辩论，最后绿野仙踪和海洋城打成了平局，这场辩论难分胜负。

孩子们把这场辩论真正当成了他们自己的舞台，越来越熟练地运用多种辩论方法：用完"陈述"后，用"假设"，还对同伴进行了反驳等，学着调动更多的已有经验从不同的角度寻求论据，并组织语言将论据表达出来，从多个角度坚持自己的观点。

学着有理有据地说话

利用“自己的理由”和“自己的观点”进行辩论，孩子们还是觉得有点儿口说无凭。为了让别人信服，孩子们让爸爸妈妈在周末带他们去实地考察。周一来到班里后，孩子们围绕这个话题又进行了一次辩论。

“我去过行政中心，我发现那边场地大，可以搭很多帐篷。”

“我去过人民广场，那边也很好，晚上的风景特别好，还可以和爷爷奶奶们一起跳舞。”

“我去了绿野仙踪，那边是草坪，好搭帐篷，而且空气好。”“场地大，距离近。”“可以亲近大自然，也可以呼吸到更多新鲜空气。”

“我去了人民广场，那边石头太多，搭帐篷不方便，而且很危险，容易摔跤。”

“我去过海洋城，那边虽然有很多好玩的，但是太多人去的话会不方便，有点儿小。”

“我去过人民广场，那边人太多，而且不允许露营，我问过那里的保安了。”

……

最终，通过孩子们的辩论、家园合作和实地考察，不论是场地还是环境，绿野仙踪都有着最大的优势。露营地点确定了。

孩子们通过亲身体验获得了更多依据，他们有理有据地用自己充分的理由说服对方，推进辩论从本能的反驳转变为有意识、有针对性、交锋式的反驳，让辩论有了质的提升。

给爸爸妈妈的话

在关于露营地点的辩论中，幼儿园的老师给了孩子充分的时间和空间，让孩子在自由辩论中自主选择露营地点。在这个过程中，通过一次次的讨论、辩论，孩子在与同伴的交流中不断调动自己的生活经验，不仅获得了来自他人的信息，而且将自己的经验也分享给大家。孩子在参与中感受到了自己的主体性，增强了自信心，体验到了成功感和自豪感，在无形中不断确认着自我价值，在坚持自我的同时也学会了怎么接纳来自别人的意见。

作为家长，我们应该努力为孩子营造一种轻松、愉悦、丰富多彩的氛围，并创设机会，将人际交往的感受和体验渗透于日常。注意，在日常生活中，孩子插嘴的现象是十分正常的，这一般是孩子认真听讲、积极思考的表现。所以，家长千万不要武断地认为孩子打断别人说话是不礼貌的表现，甚至直接批评孩子，这样容易挫伤孩子表达的积极性。故事中，在讨论露营地点的时候，沫沫也突然插了一句，这个时候大人要做的是俯身倾听（可给出肯定的语言和亲切的目光）—改变目标、延迟判断—拓展思维、及时点拨，引发孩子思维的碰撞。

在生活中，我们可以让孩子自己策划生日会。在邀请好友、布置场地、准备食物等环节，让孩子说出自己的想法、为自己的事情做主。我们要做的是尊重孩子的想法，听取孩子的意见，让孩子从自己的经验出发，策划属于自己的生日会，并从中得到锻炼，体验成功的喜悦。也可以让孩子参与到一些家庭事务的讨论之中，如家长可以设置“今天我是小管家”的活动，听取孩子对一日生活流程的安排。对于合理的安排，要肯定孩子的做法，并尽可能采纳他的意见；对于不合理的安排，要请孩子讲述他的想法，然后再给予他一些建议，让他学会采纳别人的意见。

在这样的过程中，充分地调动孩子参与交往的积极性，让孩子获取更多人际交往的机会和技能，形成更积极、更乐观、更自信的个性特征；让孩子喜欢并善于与人交往，为自己愉快、美好的童年添上最美的色彩！

延伸练习

爸爸妈妈可以试着在家举行一个小型的会议，一家人坐下来讨论一下明天早上吃什么，让孩子自由表达自己的观点，并寻找论据支持自己的观点。

（长兴县实验幼儿园供稿，袁爱琴执笔）

快来抽奖吧

用多种方式表达想法

“便利店”里，孩子们正热闹地游戏着，有的在和同伴一起挑选物品，有的在和收银员讨论物品的价格，还有的在根据顾客的需求制作糕点。可是，我却看到萌萌一个人在“便利店”外望着，她有时会往前迈几步，有时又会退后。看着大家玩的萌萌，脸上不时还会露出微笑。

在日常生活中，我们经常会看到性格较为内向的孩子，他们不愿意主动去与他人交流，更不知道用什么方式去跟他人沟通、交流。作为站在孩子身后的大人，我们总是会想尽办法，推着孩子做他们不愿意去尝试的事，然而不适当的方法往往会适得其反。那么，我们如何用合适的方法助推孩子与他人交往，学会与他人交流、沟通，从而变得更积极、更主动呢？我有了一个想法，让孩子们为我们的“便利店”策划一次抽奖活动吧！

制订抽奖计划

“‘便利店’里要办一场抽奖活动！”听到这个消息后，萌萌的脸上绽开了笑容，她激动地鼓着掌。

大家争先恐后地为这次抽奖活动的开展出谋划策。

“那我们得有一个抽奖箱才行，里面放着奖品。”萌萌兴奋地说道。

“那怎么才能来参加抽奖活动呢？”

“我们都可以参加，我觉得还可以邀请其他班的小朋友来参加。”

“那怎么邀请其他班的小朋友也来参加呢？”浩浩的这个问题引发了大家的思考。

点点率先说："我们可以做邀请卡呀，收到邀请卡的人都可以来。"

萌萌附和道："我会做邀请卡，我可以来做。"

最终，通过孩子们的讨论，我们发现筹办这场抽奖活动需要制作抽奖箱、准备奖品、制作邀请卡、制作宣传海报等。

筹办抽奖活动

开始筹办抽奖活动啦！我们发现，筹办这场抽奖活动的任务非常多，于是我将任务分给3个小组，让孩子们自己认领任务、分工合作。孩子们马上开始了自己小组的筹备行动！

点点和浩浩等几个孩子选择用一个纸箱作为抽奖箱，他们在抽奖箱中间挖了一个大洞，表示这是抽奖口。

大家不仅完成了抽奖箱的制作，还在不断尝试中优化、调整抽奖券。

萌萌特别善于做手工，她参与了制作邀请卡。邀请谁呢？邀请他们什么时候参加呢？制作邀请卡小组的成员正在商量邀请的人员以及时间等具体细节。孩子们提议邀请隔壁班的小朋友，于是萌萌在邀请卡上标注了"大4"；在邀请时间上，孩子们商量后标注了"↓5"，表示下午。就这样，孩子们在商量中不断丰富邀请卡，最后设计完成邀请卡。

孩子们发现在生活中会看到许多活动的宣传海报。怎么让更多的人来参加我们的抽奖活动呢？制作宣传海报小组的孩子纷纷出谋划策，不仅在海报上进行了装饰，还把我们活动的内容通过绘画的方式进行了记录。制作完成的海报被张贴到了幼儿园的各个地方。

开展抽奖活动

孩子们的前期准备已经完成了，他们带着邀请卡去邀请更多的人来参加我们的抽奖活动。

他们走进了隔壁班，小鱼儿首先进行了介绍："你们可以来我们班抽奖哦！""什么时候抽奖呀？""有哪些奖品呀？"隔壁班的孩子有各种疑惑。我们班里比较大胆的小朋友走近他们，开始介绍我们的活动。这时候，只见萌萌慢慢地递了一张自己亲手制作的邀请卡给大四班的小朋友，"可以来我们班抽奖哦！带着这张邀请卡就可以哦！"渐渐地，有越来越多的小朋友开始向大家介绍我们的活动了。

在约定的时间里，隔壁班的孩子陆陆续续来到我们的"便利店"开始游戏啦！我们的孩子有的在为他们介绍"便利店"里的商品，有的在为他们讲解抽奖规则，我还看到萌萌正在抽奖处忙碌地工作。每个孩子都参与其中，积极、投入地在自己负责的岗位上为大家服务着，他们的脸上充满了喜悦与成就感。

给爸爸妈妈的话

萌萌是一个善于做手工的孩子，抽奖活动正好激发了她的兴趣。在提供的多个平台中，萌萌选择了自己感兴趣和擅长的，她的潜在技能在这次活动中得以体现。孩子们在这次活动中是小主人和策划者，他们以自主讨论的方式制订抽奖计划，以绘画、手工、前书写等方式筹备抽奖活动，最后以真实的情境体验开展了抽奖活动。在这个过程中，每个孩子都能体验到活动的顺利开展所带来的成就感，同时我们也看到萌萌变得自信了，孩子们也学会了利用多种方式去表达自己的想法或意愿。

在日常生活中，我们经常会看到有些孩子并不善于用语言去表达自己的想法，往往他们有时想要表达，也总会因各种内心的束缚而止步。家长们看到这种情况时，总会替自己的孩子担忧，也会用一些不适当的行为举动去推动孩子往前进，这时必然会适得其反。在开展这次抽奖活动的过程中，孩子们听到要办抽奖活动这个消息时是非常激动与期待的，一开始，有些孩子也会不知道如何去表达，但是这个时候大人要做的是及时为孩子搭建平台，调动孩子的兴趣，引导孩子用喜欢的方式去表达、去与他人交流互动。

延伸练习

在平时的生活中，我们可以为孩子搭建平台，让孩子勇敢迈出步伐，与他人主动交往。如举办一场生日会，从制订计划，到筹备活动，再到邀请好友等，让孩子以绘画或前书写的方式记录需要准备的事物，引导孩子通过他们喜欢的表达方式，如手工制作、语言表达等，去组织和策划。相信孩子一定会在真实的情境中体验到满足与成就感，也会收获友谊，从而愿意与他人交往。

（长兴县龙山幼儿园供稿，吴秋红执笔）

表扬三部曲

正确认识自己的行为

又到了周五，在放学前我照例和孩子们利用这段时间开展“一周讲评”的活动，让孩子们聊一聊在这一周里是不是有表现得不错的地方，然后我给他们都贴了一颗五角星作为奖励，以激励他们继续保持好的表现。

六六说：“老师，我睡觉睡着了。”哆哆说：“老师，我饭菜都吃完了。”澄澄想了好久对我说：“老师，我不知道我有哪里表现得不错……”其他孩子的回答也大多如此。

其实每周孩子们都有各种进步的地方，但他们却不知道应该怎么讲。虽然也可以由我来替他们讲述一周的表现，但让孩子们自己回忆并讲述会帮助他们更好地认识自己，并获得自信心和良好品质的培养。我想，或许可以进行另一种尝试，帮助孩子们了解自己的行为表现。

拍一拍，亮一亮

吃点心的时间到了，今天孩子们的点心是苹果和夹心卷。杨杨和往常一样是动作最快的那个，在别人开始吃的时候，他已经整理好自己的垃圾准备离开点心桌了。

但过了一会儿，我发现杨杨依然在点心桌边站着。他拿着一根夹心卷，正试着将这根夹心卷的外包装撕开，但试了两头都没有办法撕开。然后，他对一旁和我一样看着他行动的牛牛说：“没事的，我再帮你用剪刀剪开来。”他跑去拿来了一把手工剪刀，接着他一手拿着剪刀，另外一只手拿着夹心卷，熟练地将夹心卷的一头剪了一个开口，然后递给了牛牛。这还不算结束，他又环顾了一下其他桌的小朋友，凡是有撕不开外包装的，他立马用行动给予支持。不一会儿，基本上所有撕不开外包装的小朋友都在他的帮助下吃上了自己的点心。

在一旁的我悄悄地用相机把这个帅气的动作记录了下来。

吃完点心以后，我立刻把孩子们召集到了一起。

我问："今天早上我们吃点心的时候，班里有一位超人，你们发现了吗？"

孩子们议论开了，一一说："哪里有超人？我怎么没看见？"阿土说："我知道超人，超人可厉害了！"小宝则表示："超人我知道，我爸爸就是超人……"

于是，我在电脑的屏幕上放出来杨杨刚才的照片，有几个孩子一下子就明白了。"老师，杨杨刚刚帮我把夹心卷撕开了！""没错，我的也是他撕开的。"我立刻接着他们的话说："你们看，超人总会在别人需要帮助的时候帮助别人，杨杨刚刚就像超人一样在大家撕不开外包装的时候帮助了大家，杨杨真的很棒哦！"说完这些，孩子们纷纷用充满赞赏的眼光看向杨杨。

此刻，我从杨杨的小脸上看到了一个害羞而又充满骄傲的笑容。

及时对孩子的好的行为进行具体的表扬和肯定，不仅能激励孩子继续保持好的行为并增强其自信心，而且可以为其他孩子提供学习的榜样！

小小超人榜诞生了

这一整天，孩子们都亲切地称呼杨杨为"超人杨杨"。杨杨也乐意极了，无论是谁遇到了困难，他总是第一个上去帮忙。

快放学的时候，我对孩子们说："杨杨帮助了别人，就像超人一样，其实我们班级里也有许许多多这样的超人呢。你们看！"我将记录孩子们平时良好表现的一些照片都放了出来。

孩子们纷纷在照片上找寻自己的身影。莫莫说："看！这是我在叠被子，我已经会自己叠了。”六六说：“这是我在整理玩具。”萌萌说：“这是我正举手回答问题呢……”孩子们突然发现，原来自己也和杨杨一样棒，大家都兴奋极了。

这时，莫莫说：“老师，你可以帮我把它记下来吗？我想给我的妈妈看。”其他的小朋友听了也都附和，想把自己的“超人”表现记录下来。

“当然可以！”我立刻拿来了一张纸，和孩子们一起制订起小小超人榜。“但是，我们用什么来表示这些行为呢？”我问孩子们。

有人觉得可以画下来，还有人觉得可以拍照，孩子们想出了各种表示的方法。最终，大家通过投票的方式确定了用小照片的方式来记录，如果来不及拍照再用画画的方法来帮忙。

终于，在放学前，杨杨帅气的照片被正式张贴在了我们的小小超人榜上。

孩子们在观看照片时，对自己生活中那些好的、值得表扬的行为有了认真的回忆和思考，这激发了他们将好的行为记录下来的热情。同时，小小超人榜的诞生帮助孩子们更好地记住了自己的良好表现，更重要的是，也激发了孩子们学习这些积极行为的兴趣和动力。

超人积分换神秘礼物

通过张贴小小超人榜，孩子们自觉地对自己的行为有了更高的要求。渐渐地，超人榜上的照片越来越多，有的孩子的照片已经贴不下了，于是我将照片叠在一起贴。这下孩子们有意见了。“老师，我看不见我之前的照片了！”“老师，我照片哪里去了？”“老师，这样我就不知道谁是最厉害的超人了……”

好吧，既然都有意见，那我们民主讨论一下吧。我又把孩子们召集到了一起。“那你们想一想，有什么解决的办法？”我问。

孩子们七嘴八舌地议论起来。

牛牛说："可以把超人榜做得大一点儿！""不行！那以后再贴不下怎么办？"有人提了反对意见。

杨杨说："我知道，可以竖着贴。"一一提了反对意见："不行，不行，这样还是贴不下。"

杨杨无奈地说："那只能把前面的照片拿掉才贴得下了！"

似乎只有这个方法了，但是孩子们对于饱含自己感情的"超人行为"照片还是充满不舍的。要怎么处理这些被拿下来的照片呢？孩子们陷入了矛盾中。

我决定给他们一些灵感，"或许我们可以用这些拿下来的'超人行为'照片换些东西。"果果轻轻地问："老师，那可以换礼物吗？"我说："当然可以。"

这下孩子们兴奋极了，都表示赞同。经过讨论，大家一同决定：一张"超人行为"照片是1个积分，集满5个积分就可以换取一个神秘礼物。

终于，孩子们心心念念的周五"一周讲评"时间到了，这次孩子们的表现发生了巨大的变化，他们都争着抢着要先来分享自己的表现……

超人积分换神秘礼物，不仅激发了孩子们对良好表现和行为的极大热情，而且也让孩子们在一次次回顾小小超人榜积分时，不断地在大脑中反复学习和巩固这些良好行为。

给爸爸妈妈的话

孩子在幼儿园的一周生活中会有许许多多的行为和表现，如何让孩子知道哪些行为和表现是积极的，如何让孩子记住这些表现并让他们通过这些表现收获良好的道德品质和自信心，都是需要通过具体的方法来实现的。

老师首先通过及时、详细的表扬，帮助孩子明确并肯定他们的行为是正确、积极的；其次通过小小超人榜这一载体，帮助孩子记住那些良好的行为，同时也让孩子学习别人的良好行为；最后神秘礼物的出现，则是孩子继续下去的一大动力，激发孩子不断去练习和巩固这些良好的行为。这样的过程充分调动了孩子对自己行为的关注度，让孩子不断了解并改善自己的行为表现，在不知不觉中学习各种生活技能、收获美好的道德品质，也为孩子形成正确的自我认知以及增强自信心打下坚实的基础。

作为家长，在家中也可以采用“三步走”的形式（及时、具体地表扬，用图文记录孩子的良好表现，对孩子的表现给予奖励），去培养和巩固孩子在家的良好行为，培养孩子的各种品质、能力以及自信心。

延伸练习

爸爸妈妈可以在家中比较显眼且适合孩子身高的地方设置一个专门记录孩子行为的光荣榜，通过照片记录孩子的行为或者鼓励孩子自己来记录，同时还可以和孩子一起商量和细化光荣榜的内容，比如设置乐于助人的行为、学会的新技能、克服困难的表现等内容，帮助孩子更清晰地了解自己的表现。而对于神秘礼物的选择，家长不要局限于物质的奖励，如玩具，可以选择具有活动性的礼物，如去一次动物园、饲养一条小金鱼或者去郊外野餐一次等。

（长兴县龙山幼儿园供稿，张盟执笔）

一起走进图书馆

体验规则的重要性

去年的秋游地点是图书馆，参观时孩子们对图书馆里的一切都充满兴趣，他们东瞧瞧，西看看，甚是好奇。我发现孩子们对图书馆意犹未尽，他们有接二连三的问题要与我讨论。《3—6岁儿童学习与发展指南》指出：“应结合社会生活实际，帮助幼儿了解基本行为规范或者游戏规则，体会规则的重要性，学习自觉遵守规则。”

因此，我觉得这次秋游我们何不再次走进图书馆呢！让孩子们亲自规划去图书馆的路线，亲身体验在图书馆里要遵守的规则，从而帮助他们逐步适应并了解在社会性集体生活和公共场所中需要遵守的基本规则，从小就做文明娃。

乘坐公交讲秩序

在日常生活中，孩子们主要乘坐私家车出行，从未有过集体乘坐公交车的机会。于是，这次秋游我和孩子们商量乘坐公交车去图书馆。

计划如约而至，在家长志愿者的护航下，孩子们到达了中心广场枢纽站，可6路公交车还没到。孩子们在我的提醒下在长凳上排排坐，满心期待6路公交车的到来。几分钟后，6路公交车到达，孩子们一见到公交车便万分激动，一下子都涌向公交车门口，一时间秩序显得有些混乱。“要排排队，一个跟着一个排队上车，这样才更有序哦。”听到提醒后，孩子们开始学着排队上车。

投币入座后，孩子们在公交车上遇见了爷爷奶奶和叔叔阿姨。爷爷奶奶很好奇我们这一大群人究竟要去哪儿。葡萄热情地跟爷爷奶奶说：“我们要去图书馆呢！”胆大的一一还跟身边的爷爷聊起了天。公交车上座位有限，孩子们安静地坐在自己携带的便携式小座椅上，把座位留给更需要的人。一路上，大家竖起耳朵仔细听，生怕错过了图书馆站点。

图书馆内讲文明

听着公交车报站，不一会儿我们就到达了图书馆。这次迎接我们的是一位图书管理员阿姨，孩子们很兴奋、很激动。我提醒大家，要做一名文明的小读者，首先要有序地走进图书馆，不能随意发出很响的声音，进入图书馆后要就近挑选一个座位轻轻坐下。

在看书之前，管理员阿姨先跟孩子们介绍了一下看书的注意事项，告诉孩子们文明行为从细节开始，然后给孩子们介绍了书架上标牌的颜色和字母的意义。孩子们了解到原来红色代表硬版，黄色代表软版，字母代表国家。

我对孩子们说：“原来这些颜色和字母有这么有趣的秘密呀！待会儿选书、看书的时候，你们可要根据阿姨介绍的图书分类标准来选书和放书哦。”旺仔说：“可我还是有点儿记不住，怎么办？”我答道：“图书分类标准对大家来说还真有点儿难。但是我们尽量做到从哪里拿出来书，看完后就把书送回哪儿去。实在找不到书的‘家’，可以向老师或阿姨寻求帮助。”孩子们都点点头，会意地笑着。我提醒道：“那赶紧珍惜这宝贵的看书时间，去选择最想看的书吧。”

在选书的过程中，孩子们难免会发出声音。于是，我顺势指了指墙上的“静”字，孩子们立刻明白了，要把“做一位文明小读者”时刻记在心中。大家赶忙安静下来，根据图书分类标准有序地挑选图书，之后挑选自己喜欢的地方认真看书，一个个都看得津津有味。

看过书后，我小声地提醒孩子们千万不能把这次来图书馆的“重要任务”给忘了。这时，孩子们想起还要来体验一把在图书馆里如何借书、还书呢！

葡萄向管理员阿姨问道：“在图书馆里怎样才能借书呢？”阿姨说：“你们有带身份证吗？先挑书，再用身份证来借书。”听完后，我对孩子们说：“今天有带身份证来的宝贝可以体验一下借书的过程哦。”

一一立刻举起手中的身份证说：“阿姨，我今天带了身份证，我想试一试怎样借书。”小雨也附和道：“妈妈也为我准备了身份证，我也想试一试。”说干就干，一一、小雨两人用自己的身份证进行现场借书。不一会儿，挑选完书后，只见阿姨用一个扫描仪在借阅图书的首页标签上“嘀”了一下。

我向孩子们说明：“听到这个扫描仪的声音就代表借书成功了。那你们知道什么时候要来还书吗？”孩子们很是疑惑，这时管理员阿姨补充道：“关注微信公众号，输入你们的身份证号就能查到图书归还时间。”我补充道：“还书的事儿还需要爸爸妈妈来给你们帮忙哦。”

在和孩子们分享还书的过程时，小雨遇到了问题。他手中的书一共有 5

本，超过了图书借阅的最大数量，小雨只能忍痛割爱选了3本。抓住现场契机，我跟孩子们说："原来在图书馆里借书是有限制的，我们只能借阅规定数量的图书，并且要争取在规定时间里及时还书。"孩子们都点点头，看来借书的学问也不小呢。

我想既然孩子们有过借书体验了，何不让大家更完整地感知借书、还书的过程呢？因此，我提前跟家长志愿者耀耀妈妈商量，今天请耀耀把之前从图书馆借的书拿来还掉，让班里的孩子们现场观看，完整感受还书的过程。只见耀耀将书放到一个指定的篮子里，阿姨说她会进行扫描登记和整理归放。孩子们小声嘀咕着，原来还书可比借书简单多了！

在短短半天的图书馆之旅中，孩子们体验了排队乘坐公交车，知道了要为有需要的人让座，明白了在图书馆里要时刻保持安静，更重要的是目睹了如何借书、还书。这短短的体验过程让孩子们印象深刻，小家伙们纷纷感慨今天真是忙碌而又充实的一天呀！

给爸爸妈妈的话

在日常生活中，家长常常会带孩子走进一些公共场所，比如图书馆、电影院、高铁站、超市、医院……我们该怎样引导孩子去认识这些场所，并了解在这些场所中需要注意什么呢？

在走进图书馆这一社会实践性活动中，我们通过制订方案、规划路线、提问答疑、现场体验等，帮助孩子认识、了解了生活中常见的公共场所所具备的社会属性和在这些公共场所内应该遵守的基本规则，以及在不同公共场所内应该遵守的规则的异同点。比如在公共场所要保持安静，不大声喧哗；排队时要守秩序；要注意卫生，不乱扔垃圾等。社会中有各种约定俗成的规则，遵循这些规则是文明的体现。

人离不开集体生活，无论在何种场所，集体生活都能促使孩子发展成为更全面的“社会人”。因此，家长在带孩子走进不同性质的公共场所时，要有针对性地率先示范或者言传身教，和孩子一起学习社会规则，进一步适应社会生活。可以让孩子学习看公共场所的多种标志和提示语，如“禁止奔跑”“不大声喧哗”等，在生活中教孩子遵守社会规则，让孩子感受规则的意义和作用。

身教大于言传，我们成人自身更要遵守社会规则，为孩子树立良好的榜样，从而鼓励、引领孩子去探索社会，让孩子在适应、融入社会生活的过程中成为完整的“社会人”。

延伸练习

外出参观或者旅行时，可以鼓励孩子运用绘画、前书写的方式来尝试制订方案、规划路线、做出行准备等。可以请孩子画一画从自家小区到附近游乐场的路线，或者和孩子一起查找可以坐几路公交车到达游乐场。

（长兴县机关幼儿园供稿，王玉丹执笔）

我要上小学了

学会自我管理

再过几个月，大班的孩子即将迈入小学的大门，“小学”成了孩子在这个时期最关心的话题。偶尔的一次晨间交往，孩子们两三人一堆地讨论着上小学的话题，他们时而开心，时而又流露出担忧的神情。于是，我们在班级中创设了“我要上小学了——问题树”版块，孩子们纷纷用绘画的形式记录下了自己对于上小学所担忧的事情。看得出，孩子们虽然有些期待，但是也有许多担心，比如担心上学迟到，作业太难、太多，被老师批评，找不到教室……

对于大班的孩子来说，小学生活既陌生又令人期待。为了帮助孩子们消除这些担忧、萌发上小学的积极愿望，我们开启了一次问题解决之旅！

上学迟到怎么办

户外早锻炼结束了，孩子们正在盥洗、喝水，这时甜甜妈妈带着甜甜慢吞吞地走进教室，孩子们的目光齐刷刷地投向甜甜。

“甜甜，你又迟到啦?”琪琪喊道，“你又睡懒觉了吧。”“你怎么老是迟到啊?”紧接着，好多孩子都跟着谈起了甜甜迟到的事情。在众多小朋友的议论声中，甜甜似乎也意识到了自己迟到的问题，她不好意思地低下了头。“甜甜，我们就要上小学了，可不能迟到了，不然的话，老师肯定不会让你进教室的。”安安像个小老师一样，一边耐心地教育，一边牵着甜甜的小手走进盥洗室。

直到集中谈话时间，我听见有几个孩子还在谈论甜甜迟到的事情。“今天有个小朋友上幼儿园迟到了，没能参加我们的早锻炼。你们有什么好办法能让自己不迟到吗？”我问道。我希望孩子们能在同伴的帮助下，解决上学迟到的问题。

安安说：“晚上早点儿睡觉，早上早点儿起床就不会迟到了呀！”乐乐说：“妈妈会在晚上睡觉前帮我设个闹钟，让闹钟叫我起床。”“我会看时间，我已经会自己设闹钟了！”“这真是一个好办法！”我给孩子们竖起了大拇指。“除了晚上要设好闹钟，还要做好哪些准备呢？”我追问。“书包”“衣服”“小黄帽”“红领巾”“校牌”“水杯”……孩子们你一言我一语，纷纷说出自己的想法。

作业太难、太多、做不完怎么办

室内自主游戏时间到了，贝贝和他的好伙伴走到班内的“问题树”旁边，观察小朋友们留下的每一张问题卡，问题卡上都画着小朋友们对于上小学所担心的事。

驻足了一会儿后，贝贝和同伴选择了一张问题卡，问题卡上很明显地画着小朋友在做练习题，还画满了问号。这是孩子们在担心上小学后作业太难了不会做。

“我们一起来解决这个问题吧，我知道这是阿泽担心的事。”贝贝拿起问题卡，邀请同伴和他一起解决这个问题。“嗯，好的呀，这里面画的是阿泽担心作业太难了。”乐乐爽快地答应了。“其实我也很担心，我害怕老师会布置很多作业，如果做不完作业、遇到难题不会做怎么办呀？”乐乐紧接着说道。看得出她一脸的担忧。“别担心，我们一起帮你解决！”在一旁的杏儿安慰道。

紧接着，贝贝、乐乐和杏儿展开了一场关于作业太难、太多、做不完的问题大讨论。“老师说过，只要上课认真听，作业肯定做得出来。”“嗯，还要积极举手，把心里知道的告诉老师和同学。”“对，对，如果遇到不明白的地方，一定要问老师。”孩子们在积极讨论的同时，还不忘把解决的方法都记录下来。“你们的方法真不错，除了上课时要有好的学习习惯，平时我们也要有好的学习习惯，比如每天晚上要看第二天上课的内容，这样才能更好地掌握知识；学习过的知识要及时复习，这样学习就不难了。”听了我的话，孩子们又赶紧把好方法记录了下来。

“老师，我听说小学里有好多作业，每天晚上我们都要做到很晚才睡觉，真的会有那么多作业吗？”贝贝问我。“嗯，上小学了，老师会布置作业，做作业就是在帮助我们复习、掌握知识。”我告诉贝贝。“可是这么多作业我们也做不完呀！”乐乐很担忧。“小学的作业是很多，但是我们可以想办法。怎样才能很快地做完作业呢？”我继续追问。“放学后一回到家就做作业，等作业完成了再去做其他的事情。”“如果到了吃饭时间还没做好的话，那就先吃好饭再马上做作业。”“做作业的时候还要认真，不能粗心。”孩子们想出了许多办法来帮助解决作业难、作业多、作业做不完的问题。

被老师批评了怎么办

布置“问题树”后的第三天，孩子们餐后都在自主活动，喜宝从抽屉里拿出了早上从家里带来的一张画，贴在了“问题树”上。画上画着生气的老师和不开心的小朋友。她悄悄地告诉我，她担心上小学后做错事情会被老师批评。在和她交流的过程中，我能很明显地感受到喜宝内心的焦虑，于是我决定让同伴们帮助喜宝解决这个问题。

“你们觉得老师会因为什么事情批评你们呢？”我问孩子们。“肯定是因为上课说话影响到别人了。”“可能是因为不上学或者迟到而被老师批评。”“还有可能是因为作业没完成。”孩子们纷纷发表自己的看法。“不做作业的话，老师为什么会批评你呢？”我问道。“不做作业，你的成绩就会很差，就拿不到优秀了。”子涵说。“对呀，老师批评我们是为我们好，老师希望我们变得更加优秀，所以我们要努力地改正错误，让自己变得更好。”我告诉孩子们。

在我和孩子们谈论被老师批评的话题时，喜宝一直认真地听着，似乎也明白了应该怎么做。她心中的担忧慢慢减少了，脸上也露出了开心的笑容。

给爸爸妈妈的话

对于即将进入小学生活的大班孩子来说，小学生活既陌生又令人期待。通过与孩子的小小互动，我们发现孩子心中除了有要当小学生的喜悦之外，还有许多的不安：担心上学迟到，担心作业太多、太难、做不完，担心被老师批评等。这些都是孩子没有正确进行自我管理的具体体现。

自我管理是孩子自我意识的重要内容之一。孩子自我调控、自我管理能力的培养，如学会时间管理、学会学习管理、学会情绪管理等，不仅是孩子现有学习、生活得以顺利开展的保证，更为孩子以后的发展奠定了基础。

作为爸爸妈妈，在面对家中即将上小学的孩子时，千万不能带给孩子关于小学生活的负面情绪的影响，其实很多孩子心中的担忧都来源于平时爸爸妈妈对他们的“吓唬”，这样的“吓唬”会让他们对上小学产生担忧。爸爸妈妈应该调整自己的情绪，适当地从正面引导，让孩子萌发上小学的积极愿望。

为了帮助孩子更平稳、更顺畅地过渡到小学阶段，爸爸妈妈可以在日常生活中有意识地引导孩子学会自我管理。从现在起，我们一起来试一试吧！

❶ 时间管理小妙招

和孩子一起制订“早睡早起时间表”，每天睡前设定起床闹钟，规划好睡前要做的事情，以及起床后要做的事情。让孩子知道在哪个时间段应该做什么事情，引导孩子合理地安排自己的事情，做事情时不拖拉。

❷ 学习管理小妙招

在孩子放学回家后，每天和孩子交流在幼儿园学习了哪些本领，老师是否布置了回家小任务。如有小任务，让孩子主动完成。和孩子约定回家后先完成老师布置的小任务，之后再去做其他的事情。

❸ 情绪管理小妙招

告诉孩子遇到不开心的事情要说出来，要学会想办法解决。如果因做错了事情而受到批评，那要虚心接受批评，并且要努力改正错误，争取下次不再犯同样的错误，这样才会变得越来越优秀。

延伸练习

周末和孩子一起制订一个“作息时间表”吧，让孩子合理地分配自己的时间、规划要做的事情。让我们陪孩子一起为进入小学做好准备吧！

（长兴县水木花都幼儿园供稿，苏婷执笔）

嗨！你有个快递

走近大人的世界

4月，又到了水口采茶忙的时候啦！孩子们带来了很多茶叶，并将茶叶投放到了茶馆里，还玩起来了快递员送茶叶的游戏。只见茶馆里已经有小朋友在大声地喊着“寄茶叶喽！寄茶叶喽！”“老师，我见过快递员叔叔！”“我还见到过快递车呢！”“快递员叔叔是怎么送快递的呀？他最远能送到哪里呢？”……

其实在我们的生活当中，寄取快递已成为一种常事，人们收到快递的时候总是无比开心。快递已经走进了孩子们的生活，快递员也变成了孩子们熟悉的一种职业。但是快递员叔叔是怎么送快递的？快递员的具体工作有哪些呢？这些事儿，孩子们确实知之甚少。面对孩子们的困惑，我决定帮孩子们化身小小快递员，在幼儿园里开一家快递公司，掀起一股快递热潮！

一张能看懂的快递单

为了支持孩子们的游戏，我在快递公司里投放了很多包裹。这不，小小快递员已经开始忙起来了。“哇，我要先去送货喽！”童童开始做快递公司的第一单生意。过了好久，只见童童垂头丧气地捧着快递回来了。

“咦，怎么没有送出去？”大家充满了疑问。

“问题出在哪里了呢？”“怎么办，快递送不出去了！”“我好伤心，我们的公司不会倒闭了吧！”孩子们沮丧地讨论起来。

此时，童童说：“我刚刚不知道要送给谁，我送给了好多老师和小朋友，但他们都说不是他们的快递。”

大家把快递单拿来一看，原来快递单上只画了一个戴着眼镜的女孩子，但是我们幼儿园里有好几个戴眼镜的老师和小朋友呀。到底是谁呢？

我提醒道："看来是信息不完整，我们一起来观察一下快递员叔叔的快递单吧！"

围绕快递单，我带领孩子们进行了一次详细的观察与讨论。我们通过讨论得知，原来这快递单上有收件人和寄件人的信息，信息中的要素包括3种：姓名（名字、外貌特征、身份等）、地址（哪幢楼、哪一层、哪个办公室或者教室）、电话（办公室名称或者教室名称）。这3种要素缺一不可。

此时，妞妞挠挠脑袋说："那有些字我们不会写怎么办啊？"

正当孩子们讨论让老师代笔的时候，我适时提醒："你们是不是把前书写这个本领忘记了呀？画一画、写一写，你们不是最在行了吗？"

在孩子们重新运用前书写的方式后，一张张快递单变得信息详细又易懂！

一件充满创意的自制快递服

弄清楚快递单的秘密后，孩子们开始忙碌地送起快递了！这一次，妞妞、甜甜、莉莉3位快递员一起去送快递啦。当孩子们兴奋地把快递单交给保安叔叔后，保安叔叔拿着快递单疑惑地问："你们是谁呀，怎么是你们来送快递呢？"孩子们听后开心地介绍起自己。

当孩子们送完快递回到教室后，原本我预计孩子们会因为终于成功送到了而很开心，结果他们都觉得很委屈，原来所有人都不知道他们是快递员。

当知道孩子们苦恼的原因后，我笑着说："昨天我正好收到了一个快递，来看看我当时是怎么一眼发现送货人是快递员的吧。”我在教室里播放了一段关于快递员送货上门的视频。孩子们异口同声地说：“快递员叔叔的衣服和我们平时穿的不一样，上面有快递员的标志。”

妞妞说：“原来我们没有专门的快递员衣服呀。”“我们去买吧！”“没有钱。”孩子们又讨论开了。

一一说：“我上次在美工区画了一件衣服，可是不能穿。”“那不行，一定要能穿的。”有人马上提出意见。

我建议：“要不你们先去美工区试一试吧。如果缺少什么材料，我们可以一起去找一找。”在反复找材料、设计、制作的过程中，一件具有明显快递标志的衣服诞生了。

一辆能运货的快递小车

孩子们玩快递游戏的兴趣日渐高涨，因此快递也越来越多，很多老师也都请孩子们来送快递。

一次游戏后，我听到一一跟妞妞说：“最近快递好多呀！我一个一个拿，跑好久都来不及送。”

我在一旁鼓励道：“肯定是因为你们的快递送得又快又对，大家都很相信你们哦。”

“可是好累啊，这么多快递，我要跑好几次。”“今天有个快递有点儿大，我都抱不住了。”虽然孩子们的游戏兴趣很浓，但随着游戏的不断推进，看来一些问题不可避免地出现了。

“快递这么多，我们根本送不了，太累了！”小小快递员在一旁忍不住抱怨了起来。看到孩子们垂头丧气的样子，我得给他们打打气呀，于是我故意叹气道：“要是有什么能帮忙运快递就好了。”妞妞突然大声叫道：“对呀，对呀，快递员叔叔有车子呀，如果我们也有送货车就好了。”

“我知道，我知道，幼儿园的操场上就有很多小车。”孩子们兴奋起来，急忙下楼去找合适的快递车。但在面对楼下这么多类型的车时，大家有了分歧。“这辆自行车好看，用这辆吧！”“溜溜车开起来最快，送快递肯定最省时间。”“还是用这辆三轮车吧，后面还有个车厢，可以放更多的快递。”“我觉得这辆木板车好，可以拉得很快……”

我提议：“要不咱们来一场辩论吧！”孩子们都表示赞同。大家自由组队，每组通过举手发言来计分。最后，孩子们决定选三轮车作为工作车，因为它不仅能拉很多快递，而且用起来很方便。

自从有了工作车之后呀，送起快递来真是方便不少。就这样，孩子们在幼儿园里送起了快递。每当孩子们送快递时，一边的弟弟妹妹们就会说：“看，快递员来送快递啦！”

给爸爸妈妈的话

在生活中，孩子会认为很多事情很新奇，他们会对大人的世界充满好奇，也会对各种各样的职业感兴趣。但我们大人经常会对孩子说：“你还小，不懂。”其实有些时候，我们可以用一种新的方式，和孩子一起体验，来告知孩子大人的世界是怎样的，这样会更有利于孩子的成长。

当孩子对职业好奇、感兴趣时，我们要尽可能多地为孩子创造尝试、了解的机会，并围绕孩子的好奇点、兴趣点，尽可能多地为孩子提供相关知识。如果孩子对医生感兴趣，爸爸妈妈可以带孩子一起去了解医生的衣服是什么样的，医生的办公室是什么样的，医生的工作流程是什么样的……通过这样的过程，孩子将会对医生这一职业有直观的认识。

爸爸妈妈也可以利用周末的亲子时光带着孩子去看一看、去听一听、去了解、去体验各种类型的职业，去玩一玩关于各种类型职业的游戏，让孩子在快乐的体验中初步认知职业。很多职业都是孩子在日常生活中接触不到的，也不是孩子长大后能一一从事的，但是通过真切的体验，孩子能丰富自己的经历，对各种职业也会有直观的认识。这是很有意义的儿童教育方式。

延伸练习

爸爸妈妈可以试着带孩子了解自己所从事的工作，听一听孩子眼里爸爸妈妈的工作是什么样的；也可以对孩子讲一讲自己工作的流程，充分倾听孩子的声音，恰当运用生活资源，把成长的权利还给孩子。

（长兴县水口乡中心幼儿园供稿，张静执笔）

小积分背后的爱

拥有一颗感恩的心

平时在家中，我和爸爸把家里整理干净后，熙宝会将垃圾直接扔到地上；她自己玩好玩具后，会将玩具东边扔一个，西边扔一个，不会主动整理。有的时候，我和爸爸请她帮忙拿东西，她会说："这又不是我的事情，为什么要我去拿呢？"

面对这样的一种现象，我觉得熙宝比较自私，她不懂得珍惜别人的劳动成果，也不懂得感恩父母。而感恩是一种传统美德，更是一种优良品质，从小培养非常有必要。针对孩子的年龄特点，该如何采取合适的方式对她进行教育呢？这是我要思考的问题。

对积分卡的热爱

熙宝一直在外面上钢琴、舞蹈、跆拳道等的兴趣班，培训机构总是以积分卡的形式来提高孩子学习的兴趣。像跆拳道班，只要孩子完成1个课时，就会给孩子10积分，而舞蹈班则按照一学期出勤次数的多少来决定积分卡的多少。最终，孩子可以凭不同数量的积分卡来换取相应的礼物。

确实，熙宝对积分卡非常重视，为了得到积分卡，她都不愿意请假。这一天，熙宝爸爸在家做饭、洗碗、拖地，熙宝坐在凳子上画画。画完后，熙宝跑过来很自豪地对我说："妈妈，你看，这是我画的积分卡。""你画的积分卡是用来干什么的呀？"我疑惑地问熙宝。"我觉得爸爸今天很辛苦，积分卡是我要奖励给爸爸的。你看，上面是100，就代表100积分。我的宝盒里有很多积分卡，有的是10积分，有的是20积分，有的是30积分……以后你们谁辛苦，我就给谁发积分卡。”我说：“你的这个想法真不错，不仅自己制作了积分卡，更是看到了我和爸爸的辛苦。”熙宝听后捂着嘴巴哈哈哈地笑了起来。

熙宝对积分卡十分热爱，而且她在看到了我和爸爸的辛苦后，想到了用积分卡的形式来表达对我和爸爸的爱。但是，这仅仅是她的一个小想法，对于感恩这件事，她并没有付出实际行动。发现熙宝的这一兴趣点后，我先抓住教育契机，用语言对她的表现进行肯定，为培养感恩意识做铺垫。

用积分卡兑换“爱”

之后，熙宝看到我加班到很晚才回家、爸爸买菜做饭很辛苦时，都会拿出自己的积分卡发给我们。我问熙宝：“你上兴趣班得到的积分卡可以换礼物，那我们得到的这个积分卡有什么用呢?”熙宝想了想说：“嗯……这个我还没有想好。”我笑着说：“如果我们得到100积分，你就帮我们做一件力所能及的事情，这样行不行?”熙宝爽快地答应了。当得到100积分后，我和爸爸会请熙宝帮忙拖地、整理、拿物品等。在用积分卡兑换礼物的过程中，熙宝似乎“能干”了很多，不仅会帮我和爸爸干活了，而且在我们帮助她之后，她还会说谢谢了。

小积分的用处实在是太大了。小积分让熙宝在反复的行动中体验到了我和爸爸的辛苦，表达出了对我和爸爸的爱，更知道了对别人要有一颗感恩的心。

给爸爸妈妈的话

我国的孩子很多是独生子女，长期处于被过分呵护的状态中，很多孩子会觉得长辈们为他们所做的一切都是天经地义、理所当然的。对于感激、同情及如何关心他人，他们却知之甚少，有些孩子甚至自私、冷酷。熙宝将积分卡从兴趣班迁移到家中，积分卡是老师对她的一种肯定，她很在乎。于是，她把对爸爸妈妈的爱也用积分卡的形式来表达。从想法到行动，孩子的感恩意识不断增强。接下来，我应该会一直鼓励她继续使用积分卡，并肯定她的感恩意识、学以致用、发明创造。虽然是一张小小的积分卡，但是其背后蕴含着她对爸爸妈妈大大的爱。

作为家长，我们要抓住机会，利用生活中的小事教育孩子懂得感恩，同时对于孩子的感恩表现要有所回应，以强化孩子的感恩意识。生活中，我们也可以引导孩子通过游戏、模仿等方式来学会感恩，从而真正让孩子拥有一颗感恩的心。

感恩是一种生活态度，也是得到幸福的基础，想要别人感恩，不如先让自己懂得感恩。别人帮助了你，你要表示感谢，这就是最简单的感恩。平时常存一颗感恩的心，这样在我们身边的孩子肯定也看见了、感觉到了，慢慢地就有了一颗感恩的心。

延伸练习

在平时的生活中，可以让孩子尽可能地做一些力所能及的事情。如：请孩子帮爸爸妈妈洗一次脚，睡前帮爸爸妈妈敲敲背、捏捏肩等。长此以往，孩子的感恩意识会越来越强。

（长兴县太湖街道中心幼儿园供稿，秦珊珊执笔）

鸡蛋打碎了

从小意外中收获成长

孩子们在幼儿园区角里投放了一些从家里带来的鸡蛋、鸭蛋、鹅蛋、鹌鹑蛋，大家一有空就围过来看一看、摸一摸。莹莹小朋友干脆拿起了一个鸡蛋放在手心。一不小心，她手一滑，鸡蛋“啪啦”一下掉在地板上，碎了。边上的小朋友吓坏了，可儿小朋友马上来“告状”了，莹莹着急地解释：“老师，我是不小心的！”看着莹莹紧张的样子，我马上给予了安抚。

其实孩子打碎东西时有发生，这大多是因为孩子好动的天性或者其手部控制功能还没有发育完善，我们完全没必要因此责备孩子。于是，我决定将孩子的注意力从打碎鸡蛋转移到认识生鸡蛋上，我要抓住这次现场观察的好机会。

生鸡蛋里是什么样子的

我指着眼前打碎的鸡蛋，装作很惊奇的样子问：“看，鸡蛋里有什么东西？”

边上的菲菲说：“有一个黄黄的东西。”

我紧接着问：“这个黄黄的东西是什么呢？”

这时，一大批孩子被吸引过来，围在打碎的鸡蛋旁。大家一边观察一边讨论起来。“黄黄的是球球。”“白白的像鼻涕一样。”

显然，从孩子们的交流中可以发现，大家对生鸡蛋不怎么了解。我说：“黄黄的是蛋黄，白白的叫蛋清，也叫蛋白。”

我这么一说，菲菲立即回应：“蛋白很好吃的，我就喜欢吃蛋白。”菲菲显然马上能用经验将蛋清和她吃过的熟鸡蛋的蛋白建立起链接。为了让所有孩子都获得这样的经验，我立刻回应道："对，煮熟后，这个透明的蛋清就变成我们能吃的蛋白了。"我特意又敲碎了一个生鸡蛋和一个熟鸡蛋分别放在碗里，引导孩子们直观地比较生鸡蛋与熟鸡蛋的区别。

小班孩子的认知与学习必须通过亲身的感知与操作，因此我积极调动孩子们的五官，让每个孩子都来看一看蛋清和蛋白的颜色，闻一闻它们的味道，用手摸一摸，感觉一下它们的不同触感。通过感官的充分参与，以及之后的讨论、交流，孩子们了解了生鸡蛋里是什么样子的，感知了生、熟的区别，也理解了鸡蛋流动与凝固的生熟变化。

清扫碎鸡蛋

那这一摊打碎在地上的生鸡蛋该怎么处理呢？孩子们立即自告奋勇地要自己清扫。虽然知道他们是清扫不干净这一摊碎鸡蛋的，有可能还会越搞越脏，但我还是要拉着孩子们参与到清扫工作中来。

这是一次可贵的劳动机会。首先，能培养责任感。每个孩子都是班级里的一员，大家都有义务参与到班级卫生清扫中。其次，孩子们的获得过程是"我听过了，我忘记了；我看过了，我记住了；我动手做过了，我理解了"，因此让孩子们亲历一次清扫生鸡蛋的过程非常有必要。

只见孩子们有的拿了餐巾纸，有的拿了抹布对地面上的碎鸡蛋进行清理。可是蛋黄和蛋清黏黏糊糊的，他们来回好几下都擦不干净。我指导孩子们用了很多块抹布和餐巾纸，才好不容易把地上的碎鸡蛋弄干净，然后又带着他们把刚才的抹布放到水龙头下面冲洗。冲洗了好久，抹布一直洗不干净，孩子们只好无奈地拿着仍滑滑的抹布来向我求助。

经历了这次亲手打扫和清洗，大家都感受到清理生鸡蛋的不便，不由得感叹道："生鸡蛋真难打扫呀！"从"生鸡蛋真难打扫呀"这样的感叹中，可以看出孩子们真正理解了清扫的不易，相信以后在类似事件中他们也会更自觉地约束自己的行为。

不让鸡蛋碎

经过这次清扫活动，孩子们有了生鸡蛋真的很难打扫的经验，便越发在意区角中陈列的这些生蛋了，不敢轻易摆弄，生怕打碎了。孩子们有了这种保护意识真的很让人欣慰，不过我想以后在生活中光有保护的意识还不够，还要有保护的行为才行。于是我问大家："怎样保护生蛋，让它不碎呢？"我的这个问题立即就打开了孩子们的话匣子。

宸宸说："把生蛋放在盒子里。"

冰冰等几个小朋友说："把生蛋用棉花包起来，然后放在软软的小包包里。"

莹莹说："把生蛋放在装蛋模具里。"莹莹见过买回家的生蛋是装在模具里的。

孩子们讨论了很多办法。这么多办法中哪些比较有效呢？我请孩子们先来猜一猜，把自己的好办法画下来。为了引导孩子们继续动手探究，我鼓励大家回家找一找合适的材料，把陈列在区角的生蛋保护起来。果然，孩子们在结合了自己的生活经验后使用的办法不一，有找来小软包把生蛋垫起来的，有把生蛋放在剪掉一半的塑料瓶里的，有用各种盒子来装生蛋的。我对他们使用的不同办法都表示了赞赏和惊叹，并和孩子们对先前的猜想一一验证、打钩。

对猜想的验证有助于培养孩子的逻辑思维能力。同时，为进一步丰富他们的生活经验，让他们了解不同材料的盒子的用法，我还把专门用盒子保护生蛋的方法单独拎出，引导孩子们发现用不同材料来护蛋的奥秘。例如用盒子装的生蛋不容易被外部挤压，而金属盒子比较硬，容易敲破蛋，所以需要在金属盒子里再加一个装蛋模具固定住蛋，或者再加一个软包装，这样就比较安全了。

最后大家一致觉得用小鞋盒装蛋比较合适，既能保护蛋，在生活中又容易携带。孩子们在这样聚焦式的对比中，解决了在生活中如何护蛋的问题，也大大提升了语言能力和思维能力，还萌发了初步的探究精神。

给爸爸妈妈的话

孩子在生活中总要惹一下小麻烦，比如一次不小心的打碎，一次无意的捣乱。在那当下，请爸爸妈妈把对孩子的责怪收起来。就如故事中孩子打碎了鸡蛋，我并没有责备他们，而是顺势引导他们观察生鸡蛋里有什么，同时引导孩子比较生、熟鸡蛋的异同，以最直观的方式，充分调动孩子的五官来看一看、闻一闻、摸一摸，丰富孩子的认知经验。

鸡蛋打碎后，让孩子亲手清扫也是不容错过的锻炼孩子的机会，这是引导他们参与家务劳动的好契机。在清扫中，孩子们进一步感知了生鸡蛋的特性，更深刻感受到了清扫生鸡蛋的不易，从而自觉产生了小心呵护生蛋的意识以及保护生蛋的后续行为。在保护生蛋的各种操作中，我们鼓励小班孩子猜测和验证，用简单的符号学习初步的记录，通过寻找材料、分享并比较不同的保护方法，获得积极思考、大胆尝试、解决问题等能力的提高，为今后在科学领域的学习打下基础。

教育学家马卡连柯说过：“不要以为只有在教训、命令孩子的时候才是教育。”一个小小的错误就是一次陪孩子共同探究的机会，普通的一个生活事件，蕴含了孩子发展的多种可能性，家长要做的就是留点儿空间，多点儿鼓励，不要代办，把解决问题的机会留给孩子，让孩子不断地思考、动手做。

延伸练习

在家庭生活中，很多类似“打碎”的破坏小事件都是因为孩子粗心、急躁或者毛手毛脚造成的，那么不如让他们做一些“细活儿”，如剪圆圈、夹花生、串纽扣、学做“金鸡独立”、学下棋等，这些都能让孩子更细心地完成一件事。另外，可以让孩子承担一些力所能及的事，或者在家中固定将一件事作为孩子的任务，并督促孩子完成。如让孩子为家养的绿植浇水，整理玩具和书本，帮忙给进门的家人摆拖鞋，给饲养的小乌龟喂食等，从而让孩子在生活中收获多种经验和能力。

（长兴县夹浦镇中心幼儿园供稿，郑黎霞执笔）

我会做小主人啦

感受社交中的文明礼仪

孩子们在文明、和谐的家庭中慢慢长大，当他们进入幼儿园后，就要开始学习人际交往和社会适应。小班下学期，随着自我意识的逐渐形成，孩子们会越来越关注到周围的同伴，也会主动亲近同伴，期待被同伴接纳。

一次自主游戏中，我在“娃娃家”听到稀稀落落的声音。“叫你吃饭了，你还玩玩具！”“老师，涵涵一进来就抢这个猫咪玩具！”这时，一个稚嫩的声音出现在“娃娃家”，“我们都是要有礼貌的！”大家你看我，我看你，都不知所措。涵涵一声叹息，“我只想陪客人玩嘛。”询问后，我知道了原来孩子们在玩做客游戏，有模仿爸爸妈妈做主人的，也有模仿客人的。

孩子们的话语中透露出他们渴望玩做客的游戏，却不知该怎样做热情的小主人和礼貌的小客人。于是，我决定成为孩子们的引导者、支持者，和他们一起体验做客，在体验和感受中了解并习得一些基本的做客、待客文明礼仪。

生气的小客人，烦恼的小主人

“娃娃家”游戏中，我微笑着对孩子们说：“做客时要友好相处哦！”果果皱着眉头疑惑地问：“老师，做好饭了可以去玩玩具吗？”我肯定地说：“当然可以主动陪客人玩啦！”果果顿时舒展眉头，笑了起来。

为了让孩子们知道更多的做客知识，我抓住教育契机及时展开话题，“你们知道什么是做客吗？你们去哪里做过客？”话音刚落，涵涵就说：

“我刚去‘娃娃家’做客了，他们不给我玩玩具，我生气了！”“那你有没做自我介绍？虽然你很想加入，但也要先和同伴商量。”大家异口同声地说：“对呀！”涵涵难为情地点了点头，答道：“哦。”我鼓励她：“相信你下次的游戏会更精彩！”

“老师，给客人玩新玩具前我自己可以先玩一下吗？”“吃饭时间到了，客人不肯吃饭怎么办……”

为了解开孩子们的困惑，我先引导孩子们意识到主人和客人的身份是不同的。主人得热情、好客、大方，客人做客时要先做自我介绍，在主人同意后才能进门或者使用主人的东西。这些是待客和做客最基本的礼貌。

除了这些，孩子们还需要深入了解更多的做客文明礼仪，并将这些知识运用到现实生活中去，这样他们就不会因为做客的事情而生气或者烦恼了。我决定在图书区投放一些关于做客的绘本，并让孩子们表演一下《小熊请客》里的情节。

热情的小主人，礼貌的小客人

下午的游戏时间到了，当我和孩子们在欣赏《小熊请客》时，琪琪兴奋地说：“有小动物去小熊家做客了！”“对，我们一起看看小熊是怎么待客的，客人是怎么做客的。”这时，果果说：“老师，来客人了，要先把家里整理干净。”“还要帮客人拿衣服，和客人分享玩具。”琪琪迫不及待地说。“还可以邀请客人一起玩，嘿嘿！”“客人要走的时候让他们再玩一会儿。”“客人走了，要送他们一下，还要说再见、下次再来。”我肯定地对孩子们说：“对，就像你们说的，我们要学会以主人的身份热情招待客人。那故事里的客人是怎么做的呢？我们一起表演吧。”

涵涵先假装打了个电话，“耶，我先和佑佑说一下！”“我们可以先准备，还要穿得干净点儿！”桐桐边说边做。我向桐桐投去了赞同的目光，并说："对，这是尊重别人的表现。"桐桐又表演了客人吃饭的场景。我补充道："吃完后可以先说大家请慢用，然后离开座位去休息。"乐乐说："回家前要说今天真高兴，欢迎到我家去。"我表扬道："不错，还要知道做客时间不能太久。"我引导孩子们寻找做客过程中的各种细节，鼓励他们轻声说礼貌用语，有序做礼貌动作，一起进行完整的故事表演。

从孩子们的表现中可以看出，他们对做客非常感兴趣，而且渴望真正的做客。

欢乐的做客时光

当孩子们知道了一些做客文明礼仪后，我抓住孩子们的兴趣，向他们提议周末可以去小伙伴家做客。

周一到来了，孩子们一早就都兴奋不已地聊起了自己做客的事。上午自主游戏时，"娃娃家"里掀起了一股做客的热潮。大家角色分明，画面和谐。果果正在做菜，乐乐关心地说："我来端菜，我们一起合作，嘻嘻！"过了一会儿，琪琪在敲门，乐乐去帮助她开门。"娃娃家"的开饭时间到了，

乐乐又和小客人一起收拾餐具，他嘴里还念叨着："我去果果家也是这样做的，我们一起完成的，嘿嘿！"我表扬乐乐："如果主人忙时你能主动帮忙，那你真是个好孩子！"其他孩子都纷纷表示赞同，乐乐开心极了。又过了一会儿，乐乐说："今天玩得真开心，打扰主人一天了，我该回家了。"我肯定地对他说："对，做客时要把握好时间哦！"

孩子们在体验中发现，做客时还需要合作、互相帮助、安排时间等。为了让孩子们更深入地了解做客的礼仪，我还和孩子们一起编了《做客三字经》：先预约，轻敲门，笑脸迎，送问候，轻说话，互谦让，要友好，乐分享，互尊重，勤合作……在做客游戏中，孩子们也更加感受到了社交中的友好和文明。

给爸爸妈妈的话

幼儿园阶段是孩子社会性发展的重要时期。良好的礼仪教育对塑造孩子良好的道德素质有着重要的作用。做客是一件让孩子兴趣盎然的事情，在体验中他们能深入了解做客、待客的文明礼仪，丰富自身的经验，增进与同伴间的感情，也能增强自己的交往能力和语言表达能力。

小班的孩子好模仿，喜欢"娃娃家"，但因与同伴交流少，容易发生冲突。通过做客这个兴趣点，孩子在交往过程中可以学习如何与他人友好相处，如何看待自己、对待他人，并不断发展适应社会生活的能力。此外，根据小班孩子的年龄特点，他们需要在实践中有所收获，因而习得做客文明礼仪的重点在于亲身体验与感受。

在日常生活中，我们应充分抓住有关做客文明礼仪的教育机会，不要用"填鸭式"说教的教育方法，而是要耐心地将做客的文明礼仪通过亲身体验的游戏或者真实情境慢慢地、由浅入深地渗透于生活中。我们可以抓住时机，让孩子在轻松的模拟与真实的情境中主动学做小主人、小客人，积累文明做客的经验，养成友好、礼貌的交往习惯，形成良好行为，收获文明做客带来的快乐。

平时，我们也可以给孩子提供实践的机会，如让孩子主动邀请多个好朋友在家里开展“娃娃家”游戏。家长不要包办孩子做主人和客人的角色，要让孩子自主参与、体验、感受如何做客、待客。家长可以和孩子一起阅读与做客文明礼仪相关的绘本，为孩子描述做客时的正面（正确）与反面（不正确）事例，鼓励孩子判断对错并讲明理由。这样不仅能让孩子明辨是非、深刻理解做客文明礼仪，而且可以优化家庭环境、营造礼仪氛围。父母的榜样作用胜于千百遍空洞的说教，家长也可以适当带孩子进入自己的良好、文明的社会交往圈子，让孩子观察成人之间的友好交往。

延伸练习

爸爸妈妈可以为孩子设计各种做客的情景，比如去亲戚家做客、去爸爸妈妈的同事家做客等，引导孩子在做客时注意自己的言行举止，并对孩子的表现及时评价。这样可以让孩子在感知的层面上进一步理解并掌握一定的做客礼仪，学会更多的文明礼仪小知识。

（长兴县洪桥镇中心幼儿园供稿，余建霞执笔）

我的弟弟挺可爱

手足之间有冲突怎么办

二孩时代到来，孩子之间会抢玩具、抢食物、抢爸爸、要妈妈……为了一件小事就会吵个不停，甚至还会动手。我们班的孩子大多有哥哥姐姐或者弟弟妹妹，他们之间也会发生矛盾。那么兄弟姐妹间经常发生冲突怎么办?

弟弟是个“小讨厌”

小宝一个人坐在图书角，虽然手里拿着书，但是他的表情看起来很难过。“小宝，这本书好看吗?”说着，我坐到了小宝的身边。看见我后，小宝更委屈了，他嘴巴动了动，没有说出话来。我顺势把手搭在小宝的肩膀上，“我给你讲讲这个故事吧!”听着听着，小宝居然掉下了眼泪，我一把把小宝搂在怀里，“小宝，你怎么了?”“我……我不喜欢弟弟，弟弟……弟弟是个‘小讨厌’!”小宝有点儿泣不成声。

在小宝断断续续的描述中，我终于了解到小宝一周岁多的弟弟抢他的小汽车，他告诉妈妈后，妈妈帮了弟弟。这样的情况已经有好几次了，小宝觉得特别委屈。在我的安抚中，小宝渐渐稳定了情绪。

《彼得的椅子》

餐前准备的时候，我找出了绘本《彼得的椅子》，给孩子们讲起了这个故事。

“彼得的物品怎么变成粉红色的了呀?”讲完故事后，我问。

“给妹妹用。”牛牛抢着说。

“彼得的哪些东西变成粉红色的了呀？”我追问。

“摇篮、椅子……”孩子们一边数，一边说。

“彼得愿意把他的东西变成粉红色的吗？”我又问。

“小宝，你觉得呢？”我故意问小宝。

“嗯……开始不愿意，后来就同意了！”小宝轻轻地说。

“为什么后来就同意了呢？”

“因为彼得长大了，东西变小了。”“彼得觉得给妹妹用也不错。”“因为她是彼得的妹妹。”孩子们你一言我一语地表达自己的想法。

“是的，彼得刚开始有点儿不舍得，但是他发现自己的物品太小了，他已经用不到了。最重要的是，妹妹是他的家人，家人要相互关爱。”我愉悦地小结道。说完，我看了一眼小宝，发现他的眼睛里又出现了光亮。

我的弟弟挺可爱

放学的时候，我让小宝把《彼得的椅子》和《他是我爸爸》两本绘本带回家与爸爸妈妈一起阅读，并让他当小老师把故事说给弟弟听一听。

第二天，小宝上幼儿园时的情绪明显愉悦了很多。那天的语言课上，我们学习了故事《跟屁虫》。学完故事后，我向孩子们提问：“你们家里有跟屁虫吗？”

好几个孩子争先恐后地回答“我有个弟弟跟屁虫”“我有个妹妹跟屁虫”，说完，大家哈哈大笑。

“那他们跟着你们做了些什么事情呀？”我问。

“我妹妹老是学我说话，很好玩的！”一一说。

“小宝，你呢？你弟弟是跟屁虫吗？”我追问。

“嗯嗯，他老是学我打枪，还学我搭积木……”小宝滔滔不绝地讲起来。听着小宝描述，其他没有弟弟妹妹的孩子眼里流露出羡慕的目光。

“那你觉得弟弟怎么样?”我继续追问。

“我的弟弟还是挺可爱的。”说完，小宝羞涩地笑了。

给爸爸妈妈的话

多孩家庭是不是经常有这样的烦恼：孩子之间很容易出现冲突。这令爸爸妈妈头痛不已。当出现手足冲突时，父母需要运用智慧来帮助孩子。

❶ 尽量减少比较

成人要做的第一件事就是尽量减少比较，减少孩子间的竞争关系。请不要用弟弟的表现来威胁哥哥，说些像“你看弟弟就可以乖乖坐好”，或者“如果你不乖，我就把它给弟弟”之类的威胁式、比较式语句，这样的话语只会增加孩子之间的竞争。如果哥哥做错了事，爸爸妈妈可以直接责备他，但不要把弟弟当作处罚他的借口。否则，哥哥会想：如果我是弟弟，做错了是不是就不会有事？这样反而会造成哥哥故意陷害弟弟情况的出现，到时可就更麻烦了。

❷ 不要充当裁判

孩子之间吵架很正常，这只是因沟通技巧不成熟而导致的暂时状况，只要没有动手伤害对方，爸爸妈妈就不必过度介入孩子之间的纷争。手足之间发生争吵时，请爸爸妈妈不要当裁判，不然双方都会觉得爸爸妈妈偏心，这反而会让情况变得更复杂。冲突发生时，先把两个人分开，让孩子自己决定是原谅对方还是一起受罚。孩子往往会选择原谅对方，那么问题也就随之解决了。

❸ 给孩子单独享有爸爸妈妈的机会

对哥哥而言，弟弟虽然有时很可爱，却也抢了爸爸妈妈对他的一部分关注，因此哥哥对弟弟会有又爱又恨的情绪。每个孩子都希望得到父母全心全意的爱，在哥哥心中，他偶尔也会希望回到弟弟还没出生前的那些可以黏着、靠着爸爸妈妈的时光中。因此，请爸爸妈妈安排好每个孩子与你们单独玩耍的时间，那将是孩子最期待的奖励。

调整好我们的心情，尽量按上述3种方法去做，不用生气或者处罚，你就会发现：孩子们虽然吵吵闹闹，但还是很可爱的。

延伸练习

利用绘本、故事、小视频等进行相关内容的教育，让孩子受到潜移默化的影响。

（长兴县水木花都幼儿园供稿，包玲丽执笔）

寻找秋雨里的一抹色彩

遇到挫折时如何宣泄情绪

那一天，当孩子们听说周五要去秋游时，他们一个个地都兴奋得不得了，提前准备好了秋游的材料：小书包、零食、运动鞋，等等。可到了秋游的日子，当孩子们知道因为下雨活动被取消后，有的哭得不肯上学，有的在家里发脾气，有的则说“我讨厌下雨！”。

孩子们都不开心了，怎么办呢？我尝试站在儿童的立场，用一系列策略引领孩子们自主地发现下雨的趣味。

秋雨来了

因为下雨，秋游被取消了，孩子们的心情都不好。我说：“那我们记录下今天的心情吧。要怎么记录呢？”大家讨论后，决定用绘画的方式来记录心情。但孩子们交上来的画灰灰暗暗的，有的还画了哭泣的脸。看来，雨天真的影响了他们的心情。

在日常教学、生活中，我们可以看到几乎所有的儿童都喜欢绘画。为什么呢？因为他们更多是通过绘画的行为去说话、去讲述的，物体的形象在他们的画中更多是符号化或象征性的存在。他们渴望把自己的情绪、感知以及对事物的初步理解表达出来，而绘画这种直观、形象且具有叙事属性的形式，就自然成为孩子们最好的表达方式。

诸如这一次，在他们的理解中，黑色、灰色表示不开心，下垂的嘴角诉说着不能秋游的难过，穿着的漂亮衣服也难掩难过的心情。

下雨天里的绘本和游戏

周一的时候，晨晨带来了绘本《下雨天》，孩子们看到后都想让我讲一讲其中的故事。“胡老师，你给我们讲一讲这本绘本吧，今天也下雨了。”于是，我给孩子们讲了起来：“猎豹在干什么？哦，猎豹正紧紧抓住雨伞，害怕被吹跑呢。狮子在干什么？狮子正咕嘟咕嘟地喝水呢……”孩子们听了哈哈大笑，“原来下雨天这么有趣啊！”“下雨的时候，我能不能出去啊？”听着他们聊天，我感受到孩子们有一点点喜欢下雨天了。

我问道：“下雨的时候有什么声音呢？你们听过秋雨的声音吗？是噼里啪啦、嘀嗒嘀嗒，还是轰隆隆？”紧接着，孩子们的嘴巴发出“噼啪噼啪”的下雨声，小脚制造出“咚咚咚”的打雷声，他们舞动着小手，开始了一场下雨天的音乐会。

外面又在下雨了，葭葭说：“我也想出去玩啊，像小恐龙一样。”旁边的小朋友都“嗯，嗯”地附和。“那我们就去和雨玩一玩吧！”我提醒道：“你们要去外面和雨做游戏，要带什么呢？”孩子们按照以往用的方法把计划带的东西都画了下来。

经过两天的铺垫，我们要去雨中游戏啦！听绘本故事的时候，孩子们就说“下雨天我要去踩水坑”，现在他们终于有机会了。“我可以穿雨鞋啦！”“可以去踩水坑啦，好棒哦！”孩子们时而蹲下身来躲雨，和伞下的小伙伴说悄悄话；时而又站起身，听一听雨滴落在伞面上的声音；时而“故意”地在水坑里蹦蹦跳跳，连平时特别怕脏的溪溪也撒欢儿地玩，无所顾忌……

下雨天里的又一次绘画

我们想要把这一切经历记录下来，并画出新的感受，于是又一次的创作开始了。葭葭、甜甜、心心、小 D 和睿睿一组，葭葭是总负责人，她说：“心心、甜甜，你们画小朋友，睿睿画大树，我再画点儿云。”小伙伴们都说好，那就开始画吧。“云是什么颜色的？”“下雨的时候当然是灰色的啊！”“水坑是什么颜色的？”“蓝色的吧。”“那水坑里还有泥巴呢！”就这样，有点儿蓝又有点儿灰的水坑诞生了。“雨滴怎么画？”葭葭急忙说：“我们可以用牙刷喷画啊。”大家都说好，一幅生动的作品就诞生了。孩子们自主分成了几组，在合作、分工、协商、谦让的过程中，他们的心情也被记录下来了。在讲评中，大家都发现，天空仍旧是灰暗的，但心情是彩色的，嘴角是上扬的！画中，有的孩子穿着雨披，有的孩子撑着伞，有的孩子干脆什么都没拿，但孩子们都在雨里快乐地游戏。

孩子的情绪是显性的，更是需要排解的，合理的情绪宣泄与疏导对孩子的心理健康发展有着重大意义。从孩子们两次记录心情的绘画来看，大量色彩的充入展现的是孩子们在下雨这一周里不同的心理过程。孩子们尝试自己寻找疏导的方法，让下雨天不再是心情低落的日子，更重要的是孩子们的学习能力大大地提高了，他们学习着互相安慰、沟通、分工、合作等，有的孩子在游戏中展现了自己的阅读能力，有的表现出较高的绘画水平，有的则展现了自己的领导能力……又是一个下雨天，这一次，孩子们成了活动的主角。

给爸爸妈妈的话

在整个活动中，我们以孩子的视角为前提，站在孩子的立场上，按照他们的喜好去生成主题课程，将认知、情感、表现、创造等融合。孩子们热爱雨天的情感被一步步地激发，他们所获得的经验并不是我们强力灌输的，我们给他们提供的是有效的“支架”；孩子们对雨天的喜欢也不是一蹴而就的，而是一点点融入他们内心的，也是他们在相互间的交流中获得的。就因为这样，他们探索的欲望才那么强烈，表现的形式也才那么丰富。

现如今，孩子都在宠爱中长大，他们可能任性、自我、对他人有较强的依赖性，遇到挫折时可能不知道如何宣泄情绪，也可能会选择逃避或大发脾气。挫折是在有目的、有意识的活动中遇到的无法克服的困难，或是自以为无法克服的困难，而孩子在成长过程中必然会遇到很多“钉子”，家长要做的是告诉孩子正确的应对方式。

很多家长都会遇到这样的情况：带着孩子在外面玩，因为没能满足孩子的要求等，孩子突然发脾气了。家长该怎么办？首先一定要耐心地跟孩子讲道理，不要随意辱骂他。为了避免产生一些不良影响，必要时可利用一些孩子感兴趣的事情暂且转移他的注意力，或将他带到没有人的地方谈心。当孩子的心情平静后，与他沟通并让他表达自己的需求和感受，尽可能让他得到安抚。

德国家长会有意识地培养孩子战胜挫折和困难的能力，他们普遍认为：孩子总有一天会去更广阔的天地闯荡，我们无法一直保护孩子，但是我们可以培养他们认识生活和社会的能力，教他们怎样保护自己。家长平时要引导孩子自己的事情自己做或者帮大人做一些力所能及的事情，例如刷牙、洗脸或者洗洗自己的小袜子等，并及时给予孩子表扬或者鼓励，这会对孩子的心理状态产生积极的作用。

延伸练习

很多时候孩子会有自己的心情小秘密，家长可以让孩子用“日记画”的方式来记录每天的心情或者发生的事，这不失为一个增进沟通和交流的办法。当然，家长要以观察的心态去看孩子的绘画作品，并从用色与构图方面了解孩子可能存在的情绪。越是年龄小的孩子，在情绪上越需要得到合适的引导。

（长兴县机关幼儿园供稿，胡洲洲执笔）

第2章

陪孩子养成受益一生的好习惯

一日活动，巧用儿歌

提高生活自理能力

小班的孩子刚离开家庭环境，大多存在生活自理能力差的问题，而用机械记忆和强化训练的方式让孩子掌握生活常规，不符合其学习特点和接受能力。我们小三班的孩子在洗手、吃饭和折叠衣裤上也遇到了一些问题，看看我们是如何解决的吧！

我能自己洗手

美术活动过后，孩子们的手上沾染了许多的颜料，他们纷纷去洗手间洗手。在孩子们洗手时，我也会跟着进入洗手间。这时候，我听到达达说："我的小手好脏啊，怎样都洗不干净。"心心听了，也说："我的小手的缝儿里有好多颜料，洗都洗不掉。""是啊，是啊……"其他孩子听了也都附和起来。

孩子们今天画画用的是水粉颜料，按理来说并不会这么难洗。我站在一旁观察了一会儿，发现原来小手怎样都洗不干净的原因是孩子们不知道怎样正确地洗手。他们只是单纯地将手放在水龙头下冲洗，小手自然怎样也洗不干净。于是，我也来到水龙头旁，卷起袖子，打开水龙头开始洗手，边洗嘴里还边念着儿歌。

自来水，清又清，洗洗小手讲卫生。
饭前便后要洗手，细菌不会跟着走。
手心相对搓一搓，手背相靠蹭一蹭。
手指中缝相交叉，指尖指尖转一转。

握成拳，搓一搓，手指手指别忘掉。

手腕手腕转一转，做个干净好宝宝。

孩子们看到我边念儿歌边洗手，都觉得非常有趣，也开始像模像样地学起来。不一会儿，孩子们个个儿都将小手洗得非常干净。

我能自己吃饭

到了吃午饭的时间，孩子们洗好手之后就开始自己动手拿着勺子吃起饭来。但是这个时候，笑笑突然说："我不要自己吃饭，我要老师喂，我在家里都是奶奶喂的。"其他孩子听了开始笑话她，笑笑一生气干脆饭也不吃了。

这时，我轻轻地走到她身边，给她讲起了《不爱用手的小河马》的故事。笑笑听了故事后也觉得自己这样很不好意思，所以打算拿着勺子吃饭，可是因为习惯了奶奶喂饭，现在突然要自己吃饭，笑笑一时被难倒了。于是，我拿了小碗和勺子坐在她的边上，边吃饭边用儿歌一遍又一遍地引导她。

小饭碗，扶扶好，

小调羹，拿拿牢。

一口饭，一口菜，

不洒不掉全吃光。

终于，笑笑学会自己吃饭了，她还高兴地要跟边上的小朋友比赛谁吃饭吃得快呢！

我能自己叠衣裤

安静、舒缓的音乐响起，提醒孩子们午睡时间到了。午睡前，孩子们将外套和裤子脱下来随意放在了床上，就开始睡觉了。当起床后，问题出现了。凯凯说："老师，老师，宝宝的衣服找不到了。"万万问："老师，我的裤子去哪儿了呀？""老师，老师……"这时候，很多孩子发现自己的衣裤不见了，都在那里急得问老师。大家一起找了半天，终于将"失踪"的衣裤都找了回来。凯凯的外套滑到了浠宝的床上，万万的裤子在自己的被窝里，心心的衣服掉到了地上……

针对这一情况，在午睡起床后，我们开展了一次谈话活动。"孩子们，刚刚午睡起床后，你们为什么都找不到衣服了啊？""因为我们脱了衣服后没有放放好啊。"晟晟说。"那有什么好办法能将衣服放放好，让我们起床之后能快速找到它们呢？""我知道，我知道。我睡觉前，妈妈会把我的衣服叠叠好放在枕头边上，这样第二天穿衣服就很方便。"二宝说。于是，我在午睡室里贴上了折叠衣裤的示意图，并配上了生动形象的儿歌。

两扇大门关一关，
两只小手抱一抱，
点点头，弯弯腰，
捏住两边放放好。
小裤子，摆摆好，
裤腰裤脚碰一碰，
两扇门儿关起来，
我的裤子叠好了。

现在，孩子们都能在脱好衣裤后看着示意图、念着儿歌将自己的衣服、裤子叠叠好，然后在枕头边上放整齐了。

给爸爸妈妈的话

《3—6岁儿童学习与发展指南》指出："孩子身心发育尚未成熟，需要成人的精心呵护和照顾，但成人不宜过度保护和包办代替，以免剥夺孩子自主学习的机会，让孩子养成过于依赖的不良习惯，影响其主动性、独立性的发展。”

小班孩子的思维特点是以直觉行动思维为主，他们好模仿，喜欢重复听故事。而儿歌大多句式整齐、节奏鲜明、音韵和谐、朗朗上口、易记易唱，适合小班孩子记诵。平时在培养孩子自理能力的过程中融入儿歌，既能激发孩子自己动手的兴趣，又能帮助孩子养成良好的生活习惯。

在洗手环节，孩子对正确洗手的步骤并不明确，他们只是知道要将小手放在水龙头下冲洗，而这时候成人就可以以身作则，给孩子做一个示范。当孩子看到成人这样边念儿歌边洗手，他们会觉得非常有趣，也会跟着念一念、洗一洗。多来几次，就强化了他们脑中对正确洗手步骤的记忆，他们自然而然就能学会正确地洗手。

小班的孩子在家里吃饭时，很多时候都不用自己动手，家长都给包办代替了，其实有时候不是我们的孩子不会自己吃饭，而是我们的家长没有放手，没有给孩子一个自己动手的机会。故事中的笑笑并不是不想自己吃饭，当听了《不爱用手的小河马》的故事后，她也知道小河马“衣来伸手，饭来张口”的做法是不对的，也会觉得自己像小河马这样做很难为情，于是决定自己动手吃饭。可是从没自己吃过饭的笑笑并不知道怎样正确拿小碗和勺子，也不知道怎样吃饭。而这时候成人在一旁拿着小碗和勺子并搭配着简单易记的儿歌来示范，会让笑笑也能学着自己动手吃饭。

午睡起床后，衣裤“不见了”的现象让孩子们意识到睡前不整理好衣裤就会带来这样的麻烦事。在二宝的提议下，睡前折叠衣裤并将衣裤在枕头边上放放好就成了孩子们解决这样的麻烦事的好方法。但是对小班的孩子来说，自己动手折叠衣裤并不是一件简单的事情。折叠衣裤的步骤多，孩子很容易就会忘记或者记错，而这时候示意图加儿歌就能很有效地帮助孩子记忆步骤和回忆步骤。在这样的氛围中，孩子们边看示意图边念儿歌边折叠衣裤，学习效果大大增强。

用儿歌来激发孩子自己动手做事情的主动性，有效避免了以往成人的简单说教给他们带来的厌烦、枯燥情绪。作为成人，在培养孩子生活习惯的过程中，我们要运用更多、更巧妙的方法，同时要相信我们的孩子是有能力的学习者，让孩子在轻松、愉快的氛围中养成良好的生活习惯。

延伸练习

在平时的生活中，还有许多的生活习惯可以培养，比如刷牙、整理玩具等，爸爸妈妈可以试着运用儿歌帮助孩子掌握生活技能、养成良好的生活习惯。

（长兴县水木花都幼儿园供稿，宋昕玲执笔）

班里有个小懒虫

养成准点起床的习惯

最近一段时间，班里的洵洵小朋友一到午睡起床时间就不愿意起床。每次起床音乐响起，她都不起床；我们试图单独叫她起床，她还是不起床。这天，起床时间一到，我在洵洵耳边说："洵洵，快起床啦！"洵洵一个转身，继续睡。我又叫了她一次，洵洵却开始发脾气了，还大声说："我还没睡醒。"经过一番沟通，洵洵虽然起床了，可表现得特别不情愿，有时还大声哭闹……

怎样才能让洵洵非常愉快地自愿起床呢？在幼儿园，起床只是一件小事，时间一到，不管孩子高兴与否，拥有一定掌控权的老师都可以强行让孩子起床，这也能达到让孩子起床的目的。可是，如果真的这样做了，孩子的情绪便会严重受挫，他们之后的活动体验也会受到影响。我们慢慢寻找，细细琢磨，然后就有了下面的场景……

真心话游戏

洵洵为什么总赖床呢？为了找到原因，我试着找了一个安静、独立的环境和洵洵聊一聊。为了打开洵洵的心扉，我说："今天老师和你玩一个讲真心话的游戏，好吗？"一听要玩游戏，洵洵立马答应了。

"这个游戏很简单，就是我问你一个问题，你来回答。你问老师一个问题，老师来回答。但是一定要说真话，不许骗人。"

"好，好，好，这个游戏太简单了。"

"那我问喽。"我故作神秘地说，"你的爸爸叫什么名字？"

"臧向荣。"

"现在轮到你问我问题了。"

"你最喜欢吃什么东西？"

"我喜欢吃巧克力。"

……

"午睡过后你为什么不肯起床？"

"因为被窝里太暖和了、太舒服了，我还想再舒服舒服。"

真心话游戏打开了洵洵的话匣子，她将自己的想法毫无保留地告诉了我。原来，洵洵是因为怕冷，她很享受被窝里的温暖，所以迟迟不愿起来。

听《不怕冷的大衣》的故事

真心话游戏后的第二天，我提议让孩子们听一听《不怕冷的大衣》的故事。听完故事后，我便趁热打铁，问了孩子们几个有引导性的问题。

"小兔子为什么不愿意起床呀？"

"因为太冷了。"

"兔妈妈说姥姥有一件东西要送给小兔子，是什么呢？"

"不怕冷的大衣。"

"真的有不怕冷的大衣吗？"

"没有的，小兔子起床后就不冷了，它到姥姥家的时候脸上流了很多汗。"

"那不怕冷的大衣是什么？"

"就是鼓起勇气起床，然后多多运动。"

"对啊，小兔子有了勇气，用运动战胜了寒冷。你们需要不怕冷的大衣吗？"

"不用。"

"那就和我一起出去运动运动吧。"

听完《不怕冷的大衣》这个故事，孩子们知道了运动能让人暖和的道理，从而产生了不怕冷的意识，以及想要努力做勇敢孩子的意愿。

积分兑换礼物

过了几天，又到了午睡起床时间，音乐响起后，洵洵的表现发生了微妙的变化。

洵洵开始慢慢睁开眼睛，然后问："老师，要起床了吗？"

"是的，起床音乐响起了，就要起来了哦。"

"睡着真舒服，我还不是特别想起来。"

"洵洵，今天我们比一比，看看谁的动作快。动作快的小朋友就可以得到1个积分卡，用10个积分卡就可以兑换礼物哦。"

洵洵憨憨地朝我笑了笑，接着从床上跳起来问："是什么礼物？"

"到时候你就知道了。"我卖了个关子。

从这天以后，洵洵只要中午能按时起床，就能得到1个积分卡。10天过去了，洵洵得到了10个积分卡，这也就意味着她已经有10天没赖床了。于是，她用10个积分卡在我这里兑换到了喜欢的汽车玩具，她开心极了。

给爸爸妈妈的话

从午睡起床时赖床到按时起床，洵洵的转变与老师的细心观察、仔细分析和寻找适用于孩子的教育方法并加以引导是有很大关系的。老师利用真心话游戏架起和孩子沟通的桥梁，形成相互信任的沟通氛围，从而了解了洵洵赖床的真正原因；利用孩子喜闻乐见的故事教学法让洵洵和其他孩子懂得运动使人暖和的道理，从而让孩子树立不怕冷的意识；利用鼓励机制激励孩子准时起床并将准时起床的习惯保持一段时间，从而让孩子养成良好的起床习惯。

在家里，当发现孩子有赖床现象时，家长不要盲目批评孩子。可以用一用我们的方法，还可以引导孩子向偶像学习，用偶像的榜样作用来激励孩子不赖床，甚至可以适当“惩罚”，让孩子亲身体验一次赖床带来的不良影响，比如赖床会错过美味的早餐、好玩的游戏等。在尝到一次赖床的“苦头”后，孩子可能就会养成准点起床的习惯。

延伸练习

如果孩子做事拖沓，家长可以找一找孩子最感兴趣的事物，利用积分奖励等方法，让孩子养成良好的生活习惯。

（长兴县龙山幼儿园供稿，夏进萍执笔）

快乐起床

在音乐游戏中解决起床烦恼

幼儿园的午睡起床音乐响起时，有些孩子开始哭闹，有些孩子睡眼惺忪地坐在床上，有些孩子下床后还总是呆呆地不说话。冬天的时候，起床往往变得更加困难，许多孩子躺在床上迟迟不动，老师一边帮孩子套上毛衣，一边催促还在发呆的孩子赶紧行动起来。渐渐地，起床变成了一场大作战。

那么如何将入睡的孩子唤醒，让孩子较快地进行穿衣叠被活动，并且心情愉悦地投入后续的活动中呢？我有了一个新的想法：将孩子喜欢的音乐游戏融入起床环节，帮助孩子逐步唤醒身体的各个部位，然后以精神饱满的状态、积极的情绪投入后续的活动中去。

初步唤醒：舒缓的轻音乐

对于选择什么样的起床音乐，孩子们各有各的想法。佳佳说："最近我们都在唱《报灯名》，这首歌一放，我们肯定会马上醒的。"涛涛马上站起来说："不行不行，这首歌的音乐太响了，我们会被吓一跳的。""别看我只是一只羊，绿草因为我变得更香……"帅帅一边唱起来一边说，"我觉得这首歌很好，我特别喜欢，而且这个动画片也很好看。"

我罗列了孩子们选择的音乐，并将音乐依次播放给他们听。孩子们一边听一边议论。因为每个孩子都想选择自己喜欢的音乐，所以一时难以抉择到底用什么样的起床音乐。

经过商议，我们决定采取投票的方式。最终，大家选择了相对熟悉的、舒缓的音乐《安妮的仙境》作为起床前初步唤醒的音乐。

这一次，午睡起床音乐响起了，有的孩子还在睡梦中，有的孩子开始动了起来，有的孩子则慢慢地睁开眼睛看了看老师和周围的小朋友。伴随着音乐，孩子们都慢慢地醒了过来，并且几乎没有哭闹的孩子，甚至还有孩子在小声说笑。

快乐苏醒：好玩的音乐游戏

用轻音乐初步唤醒孩子们后，我们对孩子们的起床表现进行了观察与记录，发现在起床音乐响起后孩子们醒来的反应各不相同。有的用小手揉揉自己的眼睛，有的用小手捂住自己的耳朵，有的用小手揉揉自己的头发。

“老师，要是起床的时候也能玩游戏就好了，我一定很快就会起来的，我最喜欢玩游戏了。”涛涛的想法和我的不谋而合，同时也得到了大家的认同，毕竟游戏是孩子们的最爱。

于是，我们在较欢快的“奥尔夫音乐”中，尝试融入“小手亲一亲”的音乐游戏。

音乐响起，孩子们慢慢睁开了眼睛，在床上开始“动”起来。

小手亲亲小眼睛，
小手亲亲小鼻子，
小手亲亲小嘴巴，
小手亲亲小耳朵，
小手亲亲小脸蛋。

通过揉搓脸部，使皮肤传达神经刺激，孩子们在活泼、轻快的音乐中舒展身体，有几个小朋友一边做着动作一边笑了起来，连平时起床时喜欢哭闹的哲哲也轻轻地揉搓着面部。

一起骑小车

慢慢睁开了眼睛的孩子们，正跟着音乐做“小手亲一亲”的音乐游戏。

“啊！真舒服。”琪琪顺势做了一个大大的伸懒腰动作并坐了起来。小宇、萌萌还是在揉搓面部，不时也会看一看其他小朋友，但并没有坐起来。“啊啊啊！”寻着声音看过去，小力正将盖在身上的被子用蹬自行车的方式踢掉。看到小力的行为，小冉和星星也跟着做了起来，他们一边做一边笑……

在加入“小手亲一亲”的环节一段时间后，孩子们的起床情况有了明显的不一样，起床后静静躺着的现象和还想继续睡的现象基本没有了。但是揉搓环节结束后，有些孩子喜欢在床上躺着，并不想马上起床。我们发现，那些“精神醒来”的孩子在从床上坐起来之前，通常会有一些大幅度的动作，比如伸懒腰、蹬腿、扭动等。因此，我们又根据孩子们的兴趣需要，在“小手亲一亲”后加入了新环节——“骑小车”，让孩子们通过模仿小车骑行做起床运动，进入递进式唤醒阶段。

伸懒腰，伸懒腰。

扭一扭，扭一扭。

踢一踢，踢一踢。

坐起来，甩甩头，向前进！

自创小游戏

做完“小手亲一亲”和“骑小车”的音乐游戏后，孩子们起床困难的情况得到了明显的改善，但是往往在音乐结束后，孩子们也并没有停止游戏的意思。原来孩子们对音乐游戏有这么浓厚的兴趣！我们打算抓住机会，增加游戏环节，鼓励孩子们自己设计音乐游戏内容。于是，孩子们热火朝天地讨论起来。

佳佳说：“我们可以玩躲猫猫的游戏。”

达达马上提出疑问：“午睡室就这么大，除了床底下，没有其他地方可以躲呀。”

美美说：“我知道，我们可以在床上玩拍拍手的游戏。”

帅帅说："我们可以在床上玩石头剪刀布的游戏，就像我们平时玩的那样，还可以两个小朋友一起玩呢！"

……

在孩子们的讨论中，能感受到他们的热情。自创小游戏的环节进一步让每个孩子都自主地、积极地参与进来，也让起床这件事儿变得更有趣。

给爸爸妈妈的话

对于孩子起床困难的问题，爸爸妈妈可以用音乐游戏贯穿起床环节，帮助孩子愉快苏醒。具体措施如下：

❶ 用舒缓的轻音乐初步唤醒孩子

这样做能帮助孩子驱散刚刚睡醒的迷糊状态，获得较轻松、较愉快的心情。随着轻音乐的加入，大部分的孩子都能自然地慢慢苏醒并且不会哭闹。

❷ 和孩子玩一玩音乐游戏，递进式唤醒孩子

让孩子在音乐中用自己喜欢的方式做一做喜欢的运动，如让小手去"亲一亲"脸上的各个器官。

同时，爸爸妈妈也要尊重孩子在游戏中的主导性地位，鼓励孩子自主创设游戏。孩子通过自己设计游戏内容、制订游戏规则等，既能得到能力的提升，也能获得游戏的快乐。在自创小游戏的过程中，孩子的情绪状态会被推向一个高潮。愉快的情绪有助于孩子苏醒和起床，也有助于起床后后续活动的开展。

亲爱的家长朋友，从熟睡到苏醒，孩子的身体和精神状态需要一个"再次复苏"的过程，而在这个过程中，孩子的大脑接收的信号会让他们的记忆特别深刻。一味地催促或者生气不仅起不到好的作用，反而会强化孩子的不良起床情绪。

因此，我们在家中也可以尝试和孩子一起制订起床计划，用孩子喜欢的音乐游戏帮助他们愉快苏醒，让起床变成一件轻松、有趣的事。当然，平时也可以和孩子一起玩音乐游戏。在音乐游戏中，既能解决生活中的许多小麻烦，还能体验到亲子游戏的快乐，让我们的生活变得更加温馨、更加有爱。

延伸练习

爸爸妈妈可以和孩子一起听着音乐玩一玩音乐游戏，比如在欢快的《拉个圆圈走走》的音乐中做一做走、跑、跳等基本动作，在《布谷鸟》的音乐中根据音乐的旋律、节奏击打身体的不同部位，加强对专注力和身体协调性的训练。

（长兴县小浦镇中心幼儿园供稿，姜雪姣执笔）

快乐进餐，我光盘

养成良好的进餐习惯

午餐时间到了，正当大家吃得津津有味的时候，班里的几个“吃饭困难户”又开始面露难色了。不爱吃蔬菜的多多和碗里的蔬菜“大眼对小眼”；吃饭速度总是落在后面的琪琪东望望，西瞧瞧，就是不对碗里的饭菜多一点点兴趣；贝贝面带忧愁地看着面前满满的饭菜，迟迟不想下手……对于这样的情况，我看在眼里，急在心里。如果强制性督促孩子进餐，孩子也能吃完，但是这样做会使孩子产生逆反心理，可能会让孩子更加畏惧、更加厌恶进餐。怎样用孩子容易接受的方式让孩子喜欢进餐，帮助孩子养成进餐的好习惯呢？

有趣的食物故事

一次餐前活动，我和孩子们一起阅读了绘本《一园青菜成了精》。孩子们对这个故事十分感兴趣，特别是对“蔬菜打仗”的情节印象深刻。

午餐时，平常不爱吃绿色蔬菜的多多看着碗里的莴笋问我：“老师，这是什么菜呀？”我告诉他答案后，他又问：“莴笋也是‘青菜大军’里的吗？”“是啊，莴笋富含维生素，能清热解毒、帮助消化，可是很厉害的蔬菜呢！”我回应道。“哇，能解毒啊！那我们吃了以后也会变得很厉害吗？”一旁的宁宁一脸震惊地问道。“那当然啦！”我肯定地说道。“那我要多吃一点儿！”宁宁一本正经地回答。多多也嚷道：“我也要多吃，这样我会变得很厉害！”就这样，平常不爱吃绿色蔬菜的多多把碗里的蔬菜吃得一干二净。我问多多：“多多，今天的莴笋好吃吗！”多多说：“简直太美味啦！”

这件事让我有了启发，一个有趣的故事可以让孩子主动吃平时不爱吃的蔬菜，那么何不多用用这个方法呢？于是，在第二天的餐前活动中，我拿出提前准备好的食物故事——《大力水手波比》。故事讲述了水手波比因为吃菠菜，所以力气变得很大。在故事的最后，我还加入了菠菜的营养介绍。孩子们都很喜欢这个故事，并且都很想像波比一样拥有巨大的力量。午餐时间到了，孩子们发现饭菜中正好有菠菜……这一餐，孩子们都吃得格外香。

小星星的魔力

一体机是学校新购买的教学设备，它拥有多种功能，比如小星星功能。只需轻轻一点，就可以在屏幕上点出一颗可爱的小星星。孩子们对此感到新鲜、好奇，都十分想点一点、玩一玩。

一次午餐，一向吃饭慢吞吞的贝贝竟然变成"吃饭第一名"。为她的表现感到高兴的同时，我转念一想：班上还有些孩子吃饭吃得比较慢，我何不大力表扬贝贝，激励其他进餐速度慢的孩子？我又联想到孩子们平常喜欢的一体机上的小星星，于是我在一体机上给每组标好数字，然后告诉孩子们："贝贝今天吃饭有进步，可以在一体机上给自己组的数字后面点一颗小星星哦！"孩子们纷纷投来羡慕的目光。我接着又告诉孩子们："只要吃了个白白碗，就可以自己来点一颗小星星。进餐习惯最好的一组，就会成为今天的'进餐之星'，可以拿到黄色星星贴纸。如果吃饭有进步，也可以成为'进步之星'，拿到蓝色星星贴纸。"

这下，孩子们来劲了。平常进餐时总要东张西望的孩子会埋头认真吃，不再磨磨蹭蹭了；平常吃饭时总要掉饭粒的孩子会主动扶牢碗，不用老师经常提醒了；小组成员也会督促同组组员专心吃饭、细嚼慢咽，同时保持桌面干净、整洁，力争"进餐之星"……

自主进餐，我喜欢

“老师，我吃不下了。”午餐时，我总能听到这样的声音。仔细询问后，我发现孩子们吃不下的原因有这些：①饭量本身的确小；②早饭吃得太多了；③有些菜实在是不喜欢吃；④身体有一点儿不舒服。

老师给孩子们的饭菜通常是同样分量的，有些孩子因为吃不完，只能将剩下的饭菜倒掉，这样实属浪费，而且对他们的吃饭信心来说也的确是个“打击”。想到我们一直提倡的“尊重儿童”的教育理念，我想：何不把进餐的权力交给孩子？

于是，我们开始采用自主进餐的模式。孩子们自己拿取碗筷，然后根据自己的状态与饭量盛饭、盛菜。有些孩子一开始盛了较少的饭菜，很快就吃完了，他们总是高兴地喊着：“老师，我吃完一碗了！”当我夸赞他们真棒，建议他们再来一碗时，他们也会轻松地接受我的建议。后来，孩子们还在教室里开设了自己的小餐厅，用从家里带来的桌布、鲜花布置餐厅，选择用自己喜欢的餐具进餐，还在小餐厅里和朋友一起进餐。拥有了自主进餐的权力后，孩子们快乐极了，连平常进餐时的“老大难”嘉嘉也不再愁眉苦脸地看着饭菜了。有次进餐时，他凑在我耳边悄悄地对我说："老师，我现在不会剩饭了！"

给爸爸妈妈的话

从孩子的角度出发，耐心倾听孩子的想法，并从孩子的回应和想法中引导孩子，选择孩子能接受的进餐策略，可以让孩子的吃饭难题得到有效解决。

这样的方式为孩子营造了自主、愉悦的进餐氛围，给予了孩子进餐的仪式感，也调动了孩子的进餐积极性，让孩子不再畏惧进餐，而是爱上进餐，逐步形成不挑食、不磨蹭、自主自力的良好进餐习惯，进而促进孩子的机体发育，让孩子健康成长，每一天都活力满满！

延伸练习

和孩子一起在家里布置他喜欢的进餐环境。如可以和孩子一起布置餐桌、选择餐具，还可以让孩子自己安排菜单，参与购买与制作。同时，可以和孩子一起创设一些激励制度，帮助孩子逐渐养成良好的进餐习惯。如采用积分制度，在孩子进餐有进步时，就奖励他一颗小星星的贴纸，集满一定颗数的小星星后可以让孩子挑选一件想要的小玩具。

（长兴县龙山幼儿园供稿，叶茜执笔）

牙齿咔咔咔

了解换牙的那些事儿

这个学期，我们班有一部分孩子相继换牙了，孩子们经常凑在一起分享换牙的秘密。听着他们交谈，在感到好玩之余，我意识到大部分孩子已经对换牙的现象产生了兴趣。那何不利用换牙的契机来一次牙齿之旅，让孩子们了解并探索牙齿的奥秘，懂得保护牙齿呢？

牙齿秘密大调查

大班的孩子正处于换牙期，孩子们对换牙有着太多的疑问。这天，我给孩子们布置了一个小任务——做个小调查员，调查班里小伙伴们的牙齿状况。孩子们带着"有几颗牙齿""有没有蛀牙""用什么牙膏""每天刷几次牙"等问题，观察同伴们的牙齿状况。他们会发现什么呢？

通过调查，孩子们发现有些小朋友的牙齿又白又整齐，有些小朋友的牙齿有点儿黑而且很不整齐，他们还发现了平平的、像刀子的门牙，头尖尖的、像锯刀的犬齿，排在最后面的、长得白白胖胖的、像石磨的臼齿。孩子们一边调查，一边用自己的方法来记录。在观察同伴们的牙齿的同时，他们提出了新的问题：大人的牙齿会是什么样子的呢？和小朋友的一样吗？于是，我们开展了第二个调查活动——"我的牙，大人的牙"。

第二天，孩子们手舞足蹈地展示着自己的调查结果。他们发现了爸爸妈妈、爷爷奶奶的牙齿和自己牙齿的不同之处，又提出了许多新的问题：为什么大人也有蛀牙，还装假牙？为什么有的大人的牙齿黄黄的？为什么我们的牙齿掉了后还会长出来，爷爷奶奶的牙齿掉了后就长不出来了？带着这些疑问，我们走进了龙山社区医院，去找专业的牙医一探究竟。

拜访牙医探究竟

孩子们在爸爸妈妈的带领下分批进入牙科诊间，近距离地观看牙医是怎么给病人看病的，看病时会用到哪些工具等。在和孩子们的互动中，牙医告诉孩子们：人一生只换一次牙。六七岁的时候开始从乳牙慢慢换成恒牙，在换牙的过程中不能用舌头去舔那些新长出来的牙齿，不然牙齿会变形，会很难看。在十三四岁时恒牙才会换好，恒牙是伴随我们一生的牙齿，之后我们不会再长出其他的牙齿了，所以平时要好好地保护我们的牙齿哦！通过拜访牙医，孩子们知道了牙医是治疗牙齿疾病的医生，如果发现自己的牙齿有问题，要马上看牙医。

参观完牙科诊间后，孩子们对于保护牙齿很有收获。他们决定把自己知道的护牙小方法画下来，让大家都知道。为了养成早晚刷牙的好习惯，我们还开展了“挑战21天早晚刷牙”打卡活动，孩子们积极参与，每天主动进行早晚刷牙的打卡。

孩子们还自愿当起了小小宣讲员。他们来到中班和小班，教弟弟妹妹们正确刷牙的方法，还告诉弟弟妹妹们怎样保护牙齿。

换牙是成长的必经之路

为什么会掉牙

一天下午吃点心时，航航小朋友苦恼地问：“老师，我的牙齿掉了，为什么牙齿会掉呢?”“我很害怕掉了后牙齿就不再长出来了。”“牙齿会不会一直掉，掉到最后，一颗也没有了呢?”其他孩子也纷纷问道。

根据孩子们提出的问题，我请他们阅读绘本《为什么会掉牙?》，再借助挂图引导他们理解乳牙掉落、恒牙萌出的自然生长规律。

孩子们知道了原来宝宝时期长出来的是乳牙，随着时间的推移，藏在里面的恒牙慢慢把乳牙的牙根吸收了，乳牙就会自动脱落，让出位置给恒牙生长，换牙标志着我们在慢慢长大呢！绘本里藏着很多新奇、有趣的事情，通过阅读，孩子们知道了乳牙与恒牙的相关知识，从而自然地接受了掉牙和换牙。

掉牙的习俗

那掉下来的牙到哪里去了呢？想想说："奶奶告诉我上面的牙掉下来后要扔到床底下，下面的牙掉下来后才要扔到屋顶上。"萌萌说："对，对，我奶奶也是这样说的。"朵朵说："我妈妈把我掉下来的牙放到一个盒子里。"我对孩子们说："我们来看看各地不同的掉牙习俗吧！埃及的小朋友会把掉下来的牙扔向太阳，并在心中许下愿望；美国的小朋友会把掉下来的牙放在枕头下，晚上牙仙子会用礼物来交换；巴西的小朋友会把掉下来的牙丢到屋外，让小鸟带走干净的牙。"

原来每个国家都有不同的掉牙习俗。掉牙预示着长大，最初孩子们对换牙有恐惧心理，而现在，他们对自己的换牙过程充满了期待！

在整个活动的开展过程中，孩子们知道了拥有一口健康的牙齿是很重要的，同时也知道了保护牙齿的好方法。人一生仅有一次换牙的机会，所以要好好保护我们的恒牙哦！

给爸爸妈妈的话

处于不同生长发育阶段的孩子都会遇到很多关于变化的问题，当孩子对身高、体重甚至性别差异产生兴趣时，请让孩子大胆地提出问题，然后我们要做的是给予孩子探索的机会，并和孩子共同探索。

大班的孩子无疑会进入人生中唯一一次换牙期，孩子们对换牙充满好奇，会有点儿害怕、害羞，也会期盼并有无数的疑惑。我们应该让孩子更好地了解换牙是成长过程中的一种自然现象。可以先从孩子的牙齿出发，引导他们观察自己和别人的牙齿，发现牙齿的不同，再慢慢地认识牙齿的功能。然后让孩子在探究牙齿相关问题的过程中，重点学习保护牙齿的方法。我们可以时不时地与孩子一起讨论保护牙齿的经验，不仅让他们知道一些清洁牙齿的方法，如每天早晚刷牙、饭后要用温开水漱口等，而且要教会他们正确的刷牙方法，使他们更好地养成保护牙齿的习惯。此外，还可以告诉孩子中国传统的掉牙习俗以及其他国家不同的掉牙习俗，让孩子从有趣的习俗中感受到不同国家、民族和地区的文化差异，同时也让他们感受到掉牙习俗所寄予的美好愿望，从而让他们对自己的换牙过程充满期待!

孩子对于探索身体奥秘的兴趣很浓，他们善于观察、善于表达自己的见解，但他们感知的途径、方法很少，也缺少一些粗浅的科普知识。所以，家长要时刻注意，做一个有心人，要善于抓住契机适时教育，帮助孩子度过换牙的特殊时期。

延伸练习

当孩子的指甲很长时，家长可以让孩子尝试自己剪指甲，并让孩子了解指甲的作用，感受指甲生长的规律。家长也可以通过让孩子观察指甲缝来启发孩子勤洗手、注意个人卫生等。

（长兴县机关幼儿园供稿，王艳执笔）

叠衣乐

掌握叠衣服的技能

天气越来越冷，孩子们的衣服也穿得越来越多。每次午睡前，孩子们都会将脱下来的衣服随手一扔，有些衣服甚至掉落在地上，满地狼藉。

小班的孩子年龄小，还没有树立起整理物品的意识，那么杂乱的衣服由谁来整理呢？老师可以帮助孩子们整理，但衣服是属于孩子们的，老师一味包办代替对孩子们真的好吗？基于这样的思考，我突然发现一件件乱放的衣服正是小班孩子学习与发展的资源，也是让他们尝试自我服务、成为整理小达人的良好契机。

衣服怎么了

我将午睡室里孩子们凌乱放置的衣服用手机拍了下来，待下午孩子们起床后，我将这些照片和他们进行了分享。"宝贝们，这是谁的衣服呀？"硕硕看到自己的衣服后激动地说："我的，这是我的衣服。""我的，那件蓝色的是我的。"浩浩紧接着说道。"我的，我的……"孩子们不断地认领着自己的衣服。我笑了笑说："你们的眼睛可真亮，一下子就找到了自己的衣服。那你们觉得这些衣服放在这里好看吗？整洁吗？""不整洁，衣服都掉在地上了。""衣服没有放整齐，乱乱的。"

孩子们意识到了衣服摆放凌乱、不整洁的现象。"那你们家里的衣服平时也是乱乱的，都扔在地上的吗？"硕硕说："不是的，我妈妈会把衣服整理好放在柜子里。"乐乐说："我奶奶会把衣服叠叠好放在箱子里。""看来小朋友都观察得很仔细。是的，不叠整齐、随意乱丢，就会让衣服变得皱巴巴的，这样穿在身上就不好看了。衣服要叠起来放在固定的地方，这样看起来才整齐。”

“老师，我也会叠衣服呢。”“那我们自己叠衣服吧。”“老师，我不会……”孩子叽叽喳喳地讨论着叠衣服这件事儿。

通过第一次谈话，孩子们已经能发现午睡室里衣服杂乱、不整洁的现象了，而且通过分享自己的家人是如何整理衣服的，他们也提出了自己尝试叠衣服的想法。

我来叠衣服

第二天午睡前，孩子们脱着自己的外套，只见硕硕、浩浩在尝试着叠衣服。“老师你看，我把自己的衣服叠好了。”浩浩将他那卷成一团的衣服给我看。其他孩子仿佛也意识到需要自己来叠衣服，便开始叠了起来。我拿起浩浩的另一件衣服，一边叠一边大声地念着儿歌。

两扇大门关关好，
左抱抱，右抱抱，
点点头，弯弯腰。

我响亮地念着儿歌引导着孩子们，他们很好奇地望着我，接着我又大声地边念儿歌边示范叠衣服。浩浩说：“老师，这是叠衣服的儿歌吗？听起来很有趣。”几个孩子围了过来，跟着我一起边念儿歌边叠衣服。这次浩浩的衣服叠得有型了，不再皱成一团了。“我会叠衣服啦，我会叠衣服啦！”浩浩开心地喊着。这时，越来越多的孩子加入了边念儿歌边叠衣服的行列，大家开始尝试着叠衣服，许多孩子叠得还有模有样呢！

这首简短、形象且朗朗上口的儿歌，孩子们一下子就记住了。有了儿歌的引导，孩子们动起手来也就有条理多了。

衣服怎么叠整齐

看到孩子们对叠衣服这件事产生了兴趣，我在“娃娃家”中投放了几件小衣服。在“娃娃家”玩游戏的安可和乐乐发现衣服后，开始边念儿歌边叠衣服，可是儿歌念完了，安可的衣服和帽子还是没叠好，乐乐的衣服也叠得不整齐，长长的袖子还露在外面。

游戏结束后，针对安可和乐乐的问题，我问孩子们：“怎样才能把衣服叠整齐？”硕硕边说边用手比画着：“叠帽子的时候先点点头，然后再压压平就好了。”可可说：“要慢慢叠，把衣服放平才能叠得很整齐。”泽泽很自信地说：“念一句儿歌叠一下，这样就不会错了。”我朝他们竖起了大拇指，“你们的办法真好，看来你们已经学会了叠衣服。是的，叠衣服要一步一步来，不能着急哦！我们一起来看一看视频中的小朋友是怎么叠衣服的吧。”

我给孩子们放了一个叠衣服的小视频，孩子们一边观看一边跟着视频中的小姐姐一步一步慢慢地叠着衣服，还学着小姐姐的样子这边拉一拉，那边捋一捋，让叠好的衣服看起来更加平整。看着自己叠得整整齐齐的衣服，孩子们的脸上洋溢着开心的笑容！

叠衣服比赛

那天之后，我将视频中的叠衣服步骤打印成图片贴在了生活操作区，孩子们经常会看着图片一步一步地学习叠衣服。一段时间后，午睡室里的床上、地上不再是一片狼藉，一眼望去，都是叠整齐的衣服。于是，我提议："宝贝们，你们已经会叠衣服啦，那我们就来一场叠衣服比赛吧，看谁叠得又快又整齐。"孩子们一听，顿时来了兴致。

场地布置完后，一切准备就绪，孩子们在"预备，开始"的口令下快速地叠起衣服来。有些孩子有点儿紧张，有些手忙脚乱；有些孩子一如既往，从容淡定；就连平时不爱参加活动的睿睿都很激动，有很高的积极性，叠的衣服也很整齐。

比赛结束后，我们评出了"叠衣服小能手"和"优秀奖"奖项，孩子们开心极了。安可跑过来抱着我，甜甜地说："老师，我回家可以帮妈妈叠衣服了。"其他孩子也纷纷说："我也要帮妈妈叠衣服。"

叠衣服比赛让孩子们体验到了自我服务的快乐，增强了小班孩子"自己的事情自己做"的意识，也让他们真正学会生活、快乐成长！

给爸爸妈妈的话

针对午睡室孩子衣服凌乱这一现象，老师通过谈话和讨论的方式让孩子自主发现问题。之后，老师首先利用儿歌让孩子初步了解了叠衣服的方法，同时激发了孩子叠衣服的兴趣，让孩子有了初步的整理意识；其次利用叠衣服视频让孩子反复练习叠衣服，在看一看、学一学、试一试的愉快氛围中，孩子的叠衣服技能变得更加娴熟；最后运用孩子喜欢的比赛，进一步巩固了孩子的叠衣服技能。在整个过程中，孩子不仅学会了叠衣服的技能，而且得到了自我服务意识的提高，同时也感受到了成功的喜悦，并积累了生活经验。

著名教育家陈鹤琴先生曾说过："凡是儿童自己能做的，应当让他自己做。"小班阶段是培养生活自理能力和良好生活习惯的最佳期，而小班孩子整理能力的培养、整理习惯的形成不是一蹴而就的。所以，家长要多鼓励孩子自己做自己的事情。在平时的生活中，家长可以通过生活化、游戏化的方法和策略让孩子学习整理的方法、养成整理的习惯。

延伸练习

爸爸妈妈可以让孩子从小袜子、小短裤等开始整理，尝试用不同的收纳容器分类放置。比如：蓝色的盒子是衣服的家，红红的小网袋是小袜子的家，绿绿的筐子是小短裤的家……这些新奇的收纳容器不仅可以吸引孩子主动整理自己的小衣柜，而且能帮助孩子学会简单分类。

（长兴县龙山幼儿园供稿，朱欢执笔）

嗨嗨哟收起来

养成自主整理的习惯

户外自主游戏中，当整理积木的音乐响起来时，有的孩子还沉浸在游戏中不愿收拾，有的孩子一次只把一块积木送回家，有的孩子边整理边自言自语地说“好累呀”……

木头积木数量多、体积大，收放时需要花费大量时间，这导致个别孩子没有动力去整理。还有些孩子是因为音乐响起时自己在心理上还没有准备好，所以并不想放下手中的积木。那么，怎样的方式能让孩子在整理积木过程中体验到整理的乐趣，进而爱上整理呢？

不愿整理怎么办

“为什么听到音乐后不想把积木收起来呢？”

多多回答：“老师，我的房子还没有造好。”可可说：“为什么一听到音乐就要收拾？我还没有准备好。”

有什么办法能让孩子们在听到音乐后愿意把积木整理起来呢？我想到了一个方法。“要不老师给你们放两首音乐吧！听到第二首音乐响起来的时候就要把积木收起来，好吗？”孩子们纷纷表示赞同。

在第二天的自主游戏中，第一首音乐响起后，多多拿取积木时走得更快了。第一首音乐还没有结束，多多已经搭建好了城堡，并向好朋友介绍起了自己的小城堡。当第二首音乐响起时，可可喊了起来：“收起来，换音乐啦！”孩子们都参与到了整理积木的行动中。

怎样整理拿得多

“在整理时怎样才能让自己多拿一些积木呢?”我出示了孩子们整理积木时的照片。天天说：“我们的小手不要只拿一块积木，我们可以多抱一些积木。”萌萌说：“我们可以左手拿一些积木，右手拿一些积木，两只小手都来帮忙就能拿得多。”浩浩说：“我收拾的时候把大积木放下面，把小积木放上面，这样可以收得多。”

在第三天的自主游戏开始前，孩子们决定用抱着积木、两只小手一起拿着积木、将积木叠叠高的方法来试着整理积木。整理完积木后，孩子们纷纷表示这样做整理得更快啦！

怎样整理不会累

这次的餐前活动是阅读绘本，我特意选择了《收起来》。我念道：“收起来，收起来，嗨嗨哟，嗨嗨哟。”孩子们也跟着一起念：“收起来，收起来，嗨嗨哟……”突然，天天指着绘本说：“你看小熊，它把小企鹅放在汽车里了。”我说道：“那我们收拾玩具时也可以学一学小熊哦！你们觉得我们可以怎么做呢?”浩浩说：“我们可以把玩具放在车里。”小曼说：“我们可以一边收拾一边给自己加油，嗨嗨哟，嗨嗨哟。”天天说：“我们也可以把玩具放在篮子里，这样整理就不累了。”

这天的自主游戏前，孩子们把从教室里找来的小车、筐子和篮子拿到了建构区。当音乐响起时，孩子们快速地去拿整理小道具。操场上可以听到“收起来，收起来，嗨嗨哟，嗨嗨哟”这样的加油声，还有“收起来，收起来，我把三角形积木收起来”这样的自言自语声。有的孩子把积木放到车里，推着小车把积木送回家；有的孩子把积木放进筐子里，两手抱着筐子把积木送回家；有的孩子把积木放进篮子里，左手拿着一个篮子，右手拿着一个篮子把积木送回家……

“老师，这样收拾积木太有趣了。”“收拾积木好轻松呀！”“我好喜欢整理积木呀……”孩子们表达着自己整理积木时的感受。

整理的过程其实蕴含了很多教育因素，孩子们在摸索整理方法的过程中也在积累着经验，收获着成功的喜悦。这对于孩子们来说是一种愉快的情绪体验，而这种体验也正是孩子们人格发展的基础。

给爸爸妈妈的话

在日常生活中，家长要有计划地安排孩子参与力所能及的自我服务活动。本着“自己的事自己做，不会的学着做”的原则，对于没有危险的事情，家长都应让孩子去探索、去实践。在相信孩子是有能力的学习者的基础上，家长可以根据以下4点来支持和助推孩子爱上整理。

❶ 巧用音乐让孩子做好整理准备

当整理的音乐响起来时就要求孩子马上进入整理状态，孩子肯定会有“还没有搭好”“还没有准备好”这样的问题。所以，我们可以给孩子一首音乐做心理上的准备。没搭好的孩子听到第一首音乐，就会想到我要加油搭了，等会儿要整理了，而没做好准备的孩子听到音乐后，也会给自己一个等会儿就要收拾了的心理暗示。第一首音乐让孩子做好了充分的心理准备，那么第二首音乐响起时孩子就会愿意整理了。此外，我们还可以用“听，玩具们都找不到自己的家，伤心地哭了起来，你愿意帮它们回家吗?”这种带有情景性的语言与孩子沟通，相信这样做之后孩子会更乐意整理。

❷ 运用图片让孩子知道整理的多元方式

在整理时，我发现个别孩子喜欢一次只拿一块积木，这样导致孩子整理的时间过长。这时，我们可以用图片、视频等让孩子观察、了解不同的整理方式，孩子可以根据自己的情况采用垒高多块积木、抱着积木、扛着积木等多元方式进行搬运。这些有效的整理方法可以缩短整理的时间，激发孩子整理的热情。

❸ 借助绘本让孩子爱上整理

利用绘本可以增强孩子整理的兴趣。我特意选择了绘本《收起来》，《收起来》里有“收起来，收起来，嗨嗨呦，嗨嗨呦”“收起来，收起来，我把XX收起来”等简单、重复的语言，这样的语言容易吸引孩子的注意，深受孩子的喜爱。孩子在整理中会不由自主地用这样的语言给自己加油。

❹ 借助合适的工具激发孩子整理的欲望

在玩建构游戏时，无论建构内容是否需要，孩子都会习惯性地将游戏材料全部搬空。游戏结束后，即便快速、有序地开始整理游戏材料，也会因为游戏材料搬运距离远、数量多、种类多、收纳难等问题，使孩子的整理速度严重受到影响。家长可以借助绘本引导孩子观察和理解其中的一些重点画面，如展示高效、好玩的整理方法的画面，将绘本中的知识和经验迁移到孩子的日常生活中，引导孩子借助工具来整理。工具的运用会让孩子体验到整理的乐趣，也会让孩子的积极性和主动性得到增强。

家长也可以针对孩子感兴趣的事物，利用角色法、情景法等增强孩子的整理意识，这样孩子整理的积极性会明显增强，整理的速度也会明显加快。

延伸练习

在家整理玩具时，爸爸妈妈可以试着通过让孩子分类整理玩具来引导孩子自主整理。如引导孩子对积木种类进行观察，然后根据积木形状贴上相应的积木标志卡，并根据积木标志卡进行分类。

（长兴县水木花都幼儿园供稿，邱理香执笔）

“整”出来的精彩

有方法地整理物品

早上来园的时候，孩子们陆陆续续地把昨天下发的《告家长》交给了我。越来越多的孩子挤在储物篮旁，一个劲儿地在自己的储物篮里翻找。有些翻找自己的书包，有些翻找塑料袋。为了拿出这张纸，孩子们恨不得把储物篮翻个底朝天。储物篮里越来越多的物品被拿了出来，桌子上、地上撒落了一地的物品。储物篮里这么乱，怎么办呢？

为什么要“整”

“为什么很多孩子找不到那张纸，而有些孩子很快就找到了？”我问道。

佳琪说：“东西太多了，找不到。”

阳阳说：“我的储物篮里有餐巾纸、湿巾，还有书包。”

乐乐说：“我有雨衣和雨鞋，还有口罩和衣服。”

孩子们都知道自己的储物篮里有些什么，于是我随即出示了储物篮的照片，想让孩子们通过直接的观看了解自己的储物篮里摆放了哪些物品，意识到自己的整理情况如何。

孩子们看了之后，纷纷表示“太乱了吧”“我们还是整理一下吧”。

找一张纸的亲身经历，让孩子们发现因为储物篮里的东西多、乱，导致自己在关键时刻找不到需要的物品。孩子们萌发了想要整理的愿望。

激发我要“整”的动力

初整理

餐后，孩子们开始整理起自己的储物篮。他们把所有东西一样一样地拿了出来，抖一抖后又一样一样地原样放回去。整理好的储物篮就跟之前的一样，里面的东西还是满满当当的。

发现了问题的我引导孩子们将整理好的储物篮放在座位上，然后让大家一起来看一看。孩子们在观察和对比后，似乎对整理的情况都不满意，他们决定重新整理。我发现有些孩子选择和好朋友分享自己的方法，也有些孩子用绘画的形式将储物篮里的东西都画了下来，然后给需要的东西打钩，把不需要的东西放到一边。就这样，他们开始了再次整理。

再整理

孩子们用自己的方法，三三两两地进行了尝试。经过20分钟的整理，孩子们似乎还没找到合适的方法，于是我提醒他们先将自己的物品进行分类，分出哪些是需要的，哪些是不需要的，再好好想一想需要的东西该怎么放置。孩子们再次行动起来，“我把书都拿出来了，按照大小摆放的”“湿巾和餐巾纸都是用来擦东西的，我把它们放在一起了”“这几张都是我的画，都叠起来吧”……经过一番整理，孩子们决定：需要的物品叠放在一起，不需要的就带回家，带来的衣服放在衣帽间。

这次整理结束后，我将两次整理的过程通过照片的形式展示给孩子们看。他们发现，有方法地整理能让物品摆放得更加整齐。从第一次没有方法的尝试到第二次有方法的整理，孩子们在尝试中寻找方法，也在尝试中建立整理的习惯。

我是整理小能手

我看到孩子们已经将物品按照作用、大小、类别进行了筛选，但也发现他们还不知道该如何将物品合理地摆放在储物篮中。

“我现在只有几样了，我可以放了。”“我把湿巾还有餐巾纸横着放不就可以了？”“我可以叠起来放，把塑料袋折折好放……”

这次，孩子们使用了上下叠放、随便放、左右摆放等几种摆放方法。东西多的孩子将雨衣等放在下面，将书包、餐巾纸等经常取放的物品放在上面，而东西少的孩子则将所有物品平铺后放整齐。

在尝试用自己的方法整理后，我们一起分享了这次整理储物篮的感受。有的孩子说“我现在长大了，自己的事情应该自己做”，有的孩子则觉得整理东西有点儿麻烦，还有的孩子表示储物篮整理干净了，下次可以自己整理了，也会帮助别人整理。

孩子们按照自己的方法以及同伴分享的方法进行整理，从筛选物品，到叠放和排列，他们在实际操作后分享并积累整理的经验，也意识到整理不仅仅是今天的事情，更是应该坚持做的事情。

给爸爸妈妈的话

家长经常会参与孩子玩具的整理过程，久而久之，整理玩具就成了家长公认的一件麻烦事，而且许多家长都曾有“挖地三尺”去寻找一个玩具的经历。很多家长会认为孩子还小，需要帮着孩子整理，也有家长觉得虽然孩子现在不会整理或者会越理越乱，但长大了自然而然就会整理了。其实，儿童时期是孩子养成习惯的重要阶段，而整理是一种良好的生活习惯，需要从小开始培养。

对于学龄前的孩子来说，在让孩子意识到自己有乱堆、乱放的习惯后，家长还要慢慢地引导孩子合理地放置一些物品。在孩子刚开始整理时，大人需要陪伴并适时地给予一些鼓励和意见，引导孩子来思考这里适合放什么、需要放什么、怎么放，这样有利于孩子慢慢养成整理的习惯。

整理也能让孩子学到很多东西。通过比较玩具、绘本等物品之间的异同，找到共同点并进行分类，孩子会了解归类法。以整理积木为例，孩子在整理积木时要按照积木的形状、大小、粗细等进行区分，这就锻炼了孩子的数学思维，以及观察、比较和分类的能力。大多数家长让孩子收纳的初衷是让孩子养成良好的个人生活习惯，其实孩子学习收纳整理是需要协调多种能力才能完成的，也就是说，孩子在收获一个好习惯的同时，还会得到多种能力的提升。

延伸练习

孩子在家里刚开始整理的时候，爸爸妈妈可以让孩子尝试整理一个小书柜、一个玩具箱，这样孩子不会因为要整理的东西太多而觉得困难，也不会因为要整理的东西太杂而无法理清整理思绪，这对培养孩子的整理习惯来说是一个好的开始。在孩子养成整理习惯后，家长可以激发孩子的家庭小主人意识，逐渐让孩子整理自己的房间、自己的家。

（长兴县煤山镇槐坎中心幼儿园供稿，余珅云执笔）

幸“盔”有你

主动遵守社会规则

一天早晨，馨馨垂头丧气地走进了教室，她说：“老师，今天我们被警察叔叔拦下来了，因为我和奶奶都没有戴头盔。”

“我也被门口的老师拦下来了。”“我妈妈给我买了头盔，让我乘电瓶车的时候用。”“老师，我们为什么要戴头盔呀?”孩子们你一言我一语地讨论开了。

我刚想解释，想了一下还是没有开口。枯燥的说教能增强孩子们的安全意识，让他们遵守规则吗？我决定利用这个契机让孩子们去了解规则背后的意义，从而让他们自发地遵守规则。

头盔大讨论

晨间谈话的时候，我们展开了关于头盔的讨论。

“你们知道哪些人需要戴头盔吗?”

“赛车手戴头盔。”“小朋友骑平衡车的时候要戴头盔。”“军人打仗的时候。”“消防员去救援的时候戴着头盔。”“攀岩、爬山的人戴着头盔。”

“那他们为什么要戴头盔呢?”

孩子们叽叽喳喳地表达自己的观点。“戴头盔是为了防止受伤、头裂开。”“因为头盔前面的镜子能保护眼睛，防止有东西进到眼睛里去。”“能保护我们的安全……”

经过一番讨论，孩子们过往的经验都一一呈现，他们也有了自己的思考与想法。

头盔大探索

那到底为什么要戴头盔呢？这一问题还是没有得到解决。为了让孩子们解密其中的缘由，我决定让他们进行一次观察、触摸。大家先分组，每组拥有一个儿童头盔和一张记录纸。

“头盔有一层面罩，面罩是用玻璃一样的东西做成的，头盔的头顶里面还有一层泡沫，头盔的两边还有系带。”“头盔的外面是用铁做的，超硬的！”“头盔的里面还有一层毛茸茸的东西，好像是一层布。”

通过观察，孩子们很快就发现了头盔是由坚硬的外壳和一层柔软的填充物组成的。这时，平日就有很多奇思妙想的小度突然站了起来，说道：“原来是里面软软的布在保护我们，我妈妈买的快递里也会放这些保护装置，东西从来没碎过。”“外面的壳，硬硬的才能保护我们。”大家七嘴八舌。

孩子们在摸一摸、看一看、探一探中了解了头盔的构造，在观察的同时又迁移了自己的生活经验，大胆地表达了自己的想法。

实验大发现

孩子们的讨论让我找到了他们的兴趣所在，于是我决定通过实验让孩子们感受头盔构造的合理性。在联系了生活中的经验后，孩子们选择了用容易受伤的鸡蛋作为实验对象。

首次实验，我们选择了柱状充气袋、泡泡防撞袋、网状保护纸等经常运用于保护易碎物品和水果的材料，并分别用上述保护材料将鸡蛋包裹了起来。孩子们跃跃欲试。有了这些常见材料的保护，鸡蛋会受伤吗？开心小朋友骑着自行车从鸡蛋上面碾压后，3个鸡蛋的蛋液流了一地。看样子，光有这些材料的保护还不够。

第二次实验，我们找来了小铁盒。先将鸡蛋放在小铁盒里面，然后盖好了盖子。班里最强壮的天天踩着自行车碾压过后，盒子里的鸡蛋完好无损。

这时，可可提出："万一被撞飞了呢？"于是实验再一次进行，这一次我们先将铁盒高高举起，然后松手，铁盒掉落了。我们打开盒子一看，蛋壳明显裂开了。随后，我们在盒子内填充了泡泡防撞袋。再一次实验后，鸡蛋安全地降落了。

"像头盔一样的保护装置原来真的很有用！""头盔太厉害啦！""我要告诉爸爸妈妈，让他们也戴上安全头盔！"孩子们纷纷惊叹着。

通过亲身操作、体验、证实，孩子们感受到了头盔构造的科学性、合理性，从而萌发了主动戴头盔的想法。一系列的活动，让孩子们的规则意识和安全意识有了质的提升。

给爸爸妈妈的话

生活中有许许多多的规则，有的是为了确保安全，有的是为了呵护健康，有的是为了维护秩序……比如乘电瓶车要戴安全头盔，饭前要洗手，玩滑梯要排队等。老师、家长一遍遍地提醒、说教，孩子却总“明知故犯”。

在这次“幸‘盔’有你”活动中，孩子们一开始就对规则提出了质疑——为什么要戴头盔？于是，老师基于孩子们的问题提出了更多的问题，以鼓励孩子们自己思考，引导孩子们回顾生活中积累的所见、所闻，梳理已有经验并提出自己的想法。随后，通过观察头盔、做头盔小实验，孩子们充分验证了自己的想法，从而找到了规则背后的意义。这次活动让孩子们自发地萌生了骑乘佩戴头盔的想法，也令规则意识于无形之中浸润着幼小的心灵。

一条条规则帮助孩子从“自然人”过渡为“社会人”，让他们融入社会、适应外部环境。作为家长，我们常常不厌其烦地提醒孩子遵守各种各样的规则，但是规则往往限制了孩子自由自在的天性，他们不免要去打破，要去质疑。当这些质疑的小种子发芽的时候，批评或者命令式的语句并不能让孩子服气，那么家长不妨把握这个机会开展一场亲子游戏，问一问孩子如果有人问他同样的问题他会怎么回答，然后找一些合适的材料和孩子一起动手做一做、玩一玩，感受规则背后的意义。这样做过后，下一次孩子可能就会提醒你来遵守规则了。

延伸练习

当孩子质疑洗手的必要性的时候，爸爸妈妈不妨准备一个细菌培养皿，先让孩子用小手摸一摸，再和孩子仔细观察未来几天里培养皿的变化。

（长兴县龙山幼儿园供稿，郑亚慧执笔）

精彩的10分钟

学会自主安排时间

随着主题活动“走向小学”的开展，孩子们对于有关小学的各种话题充满了好奇。由于疫情，我们开展了云参观小学活动，孩子们参观完后意犹未尽，兴致勃勃地讨论着。

洋洋说：“小学可真漂亮啊，操场那么大！”

乐乐说：“对啊，小学还有课间10分钟呢！”

小米问：“课间10分钟是什么？”

“课间10分钟就是下课休息的意思。”乐乐回答道。

浩浩接着说：“小学的休息时间都是10分钟，所以叫课间10分钟。”

“那在课间10分钟里可以做我们喜欢的事情，对吗？”

……

孩子们纷纷交流着自己的想法。从讨论中可以发现，他们对课间10分钟都有自己不同的理解。课间10分钟有多久？用课间10分钟可以做些什么？怎样安排课间10分钟？为了满足孩子的欲望，增强孩子对课间10分钟的感受，提高孩子有效利用时间、把握时间的能力，我们开展了特别的“课间10分钟”探秘活动。

课间10分钟初体验

在和孩子们一起制订了课间10分钟调查表后，我鼓励他们去发现不一样的课间10分钟活动。通过调查，孩子们了解到爸爸妈妈上小学时候的课间10分钟活动大多是玩游戏，比如玩沙包、跳皮筋、跳绳、踢足球、踢毽子、跳方格子等。而哥哥姐姐的课间10分钟活动大多是静态活动，比如看书、整理学习用品、在座位上休息等。

课间10分钟的活动是丰富多彩的，这次调查激发了孩子们进一步探究的兴趣。他们了解了爸爸妈妈、哥哥姐姐的课间10分钟后，也开始思考并尝试制订自己心中精彩的课间10分钟活动啦。

琪琪说："我想在课间10分钟的时候找我的好朋友一起玩游戏。"

小苹果说："我要到操场上去玩球。"

子铭说："这10分钟里，我要上厕所、喝水、看看书。"

……

在制订了简单的计划之后，孩子们为了检验自己的计划是否可行，一起进行了一次真实的课间10分钟体验。恣意的课间10分钟初次体验中，每个孩子都很兴奋。有的孩子选择和好朋友一起看书，有的孩子到楼下跳绳、玩球，还有的孩子上厕所、喝水……

丁零零，课间10分钟结束啦！教室里的孩子很快就回到了座位上，可是户外的孩子还没有回来。孩子们迫切地与我分享着自己的体验和感受。

子铭说："老师，我有好多想做的事，但是不能同时完成，时间好快就到了。"

小雨说："我刚下去玩了会儿球，想上来上厕所，可是上课铃声就响了。"

"老师，这10分钟过得太快了吧，我没有手表，不能看到时间。"睿睿接着说道。

在体验活动中，我发现大部分孩子没有按照自己的计划内容执行，他们在10分钟内大多只做了单一的事情。"那我们可以怎样合理安排课间10分钟呢？"我把问题抛给孩子们。宸宸说："可以到小学里去看看哥哥姐姐是怎么安排的。"大家都表示同意。我尊重孩子们的想法，邀请几位五年级的小学生录制了一段小学生合理安排课间10分钟的视频，然后播放给孩子们看。有的孩子则通过回家后采访自己的哥哥姐姐，来了解关于小学课间10分钟的内容。

我的时间我做主

观看后，孩子们再一次讨论起来。

晨晨说："如果再给我一个课间10分钟，我会先去上厕所，再喝些水。"

琪琪说："我要重新做课间计划。我要戴一个手表，这样我就能看到时间，然后很好地安排自己的课间10分钟了。"

子铭说："我觉得最好的安排是先上厕所，再休息，再学习。"

晗晗说："我们有很多课间10分钟，可以安排不同的事情，这个课间没做完的，下个课间可以继续做。"

观看了哥哥姐姐的安排后，孩子们慢慢有了时间的概念。于是，他们用表格的方式把自己的课间10分钟安排记录了下来。在这10分钟里到底应该做些什么？先做哪些，后做哪些？孩子们都有了自己的新计划。

接着，孩子们再一次体验了课间10分钟。这一次，他们清楚了做事的先后顺序。当我的铃声再次响起时，他们基本都能回到自己的座位上。

在这次课间10分钟的探秘活动中，孩子们通过自己的真实体验感知了时间对于活动的意义。短短的10分钟，涉及孩子们把握时间的能力、自理能力、自制力、计划与执行力，这些能力的发展将有助于他们顺利开启小学生活，并为他们的成长和发展储备力量。

给爸爸妈妈的话

在课间10分钟的探秘活动中，我通过谈话的方式先了解了孩子们对于课间10分钟的已有经验，然后通过自主制订课间10分钟计划—亲自体验计划—反思计划—调整计划—再次实施计划等几个环节来帮助孩子们建构新经验。最初，孩子们会把课间10分钟和幼儿园的自由活动画上等号，兴奋地拿出玩具和同伴一起抓紧时间玩耍。然而，10分钟一转眼便过去了，他们的一些必要的生理需求却无法得到满足。在体验后，孩子们意识到了许多问题，经过再次调整，他们的10分钟安排变得更加合理、更加有序了。

进入小学后，课间10分钟活动是自主安排的，孩子不仅要独立解决原来由幼儿园老师协助解决的日常生活问题，还要尽快适应小学的新学习要求。作为家长，我们应该给予孩子自主安排时间的机会，并及时发挥引导作用。在家里，家长可以营造一种无人监管环境，然后悄悄观察孩子在这种环境中会做些什么。有时候让一些小问题暴露出来，更便于我们和孩子一起分析、讨论。当孩子在自主安排时间方面遇到困难时，我们可以先问问他是怎么想的，让他思考哪些事情是一定要做的，不做的话会怎么样。孩子思考问题的方式往往比较单纯，我们在认可孩子想先放松的前提下，可以和孩子一起思考还有哪些事情（如喝水、小便等）是一定要做的，告诉孩子等做完这些事情之后再去玩。慢慢地，孩子会开始有意识地先做一些必要的事情，然后再和同伴一起游戏。其实，对于课间10分钟，并没有固定的执行模式。让孩子在真实的经历中逐步学会自主且合理地安排自己的时间，逐步建立起事件与时间之间的联系，合理安排并使用有序、安全、快乐、有意义的课间10分钟，也是一种由问题引发的孩子自我学习的方式。

延伸练习

在日常生活中，特别是在假期，家长可以耐心地与孩子沟通，引导他们认识时间、管理时间，让他们的生活变得有规律、有意义。

（长兴县画溪街道长桥中心幼儿园供稿，吴婷执笔）

第3章

陪孩子认识这个世界

有趣的影子

探索影子的奥秘

吃过午餐，我带孩子们去操场散步。突然，奕奕惊喜地喊起来："哇，快看我的影子！"循声望去，我看见奕奕一边看着自己的影子，一边旋转跳舞，许多孩子都被她吸引了过去。随着奕奕的发现，户外游戏瞬间变成了玩影子的游戏。看到孩子们对影子如此地感兴趣，我想何不趁此机会让孩子们积极探索影子的更多奥秘呢？

寻找影子

"除了我们自己的影子外，还有哪些东西有影子？你们能找到吗？"我话音未落，孩子们像放飞的小鸟般四处散开。

"老师，你看，大树有影子！它的影子还跑到墙上去了呢！""你们快看，叶子也有影子！""老师，你看，我们的旗杆有影子，而且很长很长，长到天上去了！"孩子们在各个地方找到了影子。

"你们发现了这么多影子，真仔细！"我夸赞着孩子们。

日光绘影

我为孩子们提供了粉笔，他们两两结对，用粉笔互相画影子。画完之后，我将他们召集起来。"在画影子的时候，有谁遇到问题了吗？"我问道。

一宸疑惑地问："为什么多多的影子在他前面，而我的影子在我后面呢？"

笑笑赶忙说："我知道，因为你跟多多站的方向不一样啊！"

瀚瀚说："我知道，因为太阳在那边，所以我们的影子都是朝这边的。"

我说："你们觉得是太阳的关系，对吗？那我们等下吃完午餐再下来，看看影子会有什么变化。"

"我觉得影子可能不在这里了，影子会歪到旁边去。"柚柚回答。

"向哪边歪呢？"我追问。

"那我也不知道，应该是和太阳相反的方向。"

"你们很会动脑筋，有了这么多猜想。那我们等会儿再来验证一下吧。"

过了大概两小时，我又带孩子们出来，他们站在早上画过影子的位置上。"你们快看，我的影子不在这边了，它歪到旁边去了！""我的也歪到旁边了，好奇怪啊！"

我提议把现在的影子画下来，孩子们兴冲冲地拿了粉笔开始动手。就这样，这一天，我们每两小时就出来把影子画下来。快到放学的时候，孩子们已经在同一个站位画了5个影子了。他们看着这些影子兴奋极了。通过一天的实践操作，他们发现原来随着一天时间的变化，影子也在变化，影子的方位不是固定的，而是和太阳的位置有关系。

测量影子

随着对影子的深入了解，我又提问："我们画的这些影子都一样长吗？"

孩子们一眼就辨别出了最长的影子和最短的影子。但是剩下的影子长短都差不多，怎么办呢？

"除了尺子，我们身边有没有什么工具可以代替尺子来进行测量？"我话音刚落，孩子们便抢着回答，"铅笔""回形针""薯片罐"……

就这样，孩子们根据自己的需要，从家里带来了所需要的材料。之后，他们两两合作，在户外操场上开始了测量影子的活动，并及时在纸上进行了记录。有的孩子测量出的影子有5个薯片罐高，有的测量出的有4个半薯片罐高。孩子们用自然测量的方法把画出来的影子都测量了个遍。

通过一段时间的观察、测量、记录与交流，孩子们发现影子在一天中的不同时段都会有变化。

给爸爸妈妈的话

在孩子们的世界中，影子对他们来说充满了趣味。户外运动时，孩子们会在有意无意间注意到影子。在日光绘影的过程中，孩子们提出了值得思考的问题。老师让孩子们先猜测，让他们在一定生活经验的基础上，结合自己的思考对新的经验有一个预判。例如，猜测影子变歪的小朋友是基于日常的观察。新旧经验借由“合理”猜测这个媒介，更加紧密地连接在了一起。另外，在画影子和测量影子的过程中，孩子们知道了影子会变换方位，影子的长短还会因为方位的变化而变化等。爸爸妈妈可以为对影子等自然现象感兴趣的小朋友准备一些有关影子的绘本，如《影子是我的好朋友》《谁的影子》《欧莉安和她的影子》《影子》，让影子激发孩子们的想象力。

日常生活中还有许许多多有趣的自然现象，我们要跟随孩子的脚步，以孩子的兴趣为出发点，顺应孩子的想法和意愿，鼓励孩子提出疑问，并从孩子的疑问中提取有价值的信息，引导孩子在探索中发现、在发现中质疑、在实践中验证。这种求真务实的学习态度会为孩子的终身学习奠定良好的基础。

延伸练习

在阳光好的一天，带孩子到户外来一场踩影子的游戏吧！如果想在室内玩，也可以用手电筒玩追光影的游戏。

（长兴县中心幼儿园供稿，胡婷婷执笔）

神奇的悬浮种子

认识身边的静电

秋天到了，孩子们带来了秋天的落叶、果实、种子。晨间活动时，钰钰拿起安安装有小种子的塑封袋，用力拎着抖了一抖，说："快看，种子不会掉到袋子底下耶，怎么都在上面？""真的是呢，好奇怪啊！"钰钰的举动引来了很多小朋友的关注。

种子为什么会粘在袋子上方呢？孩子们虽有疑问，却没有很多的生活经验，所以只能根据自己已有的经验去猜测这个生活中的科学现象。我们大人虽然知道其中的原理，但是如果我们直接把答案告诉孩子，那么孩子就无法体会独自将外部信息转化为生活经验的过程，也就无从体现孩子独立思考、探索实践的价值和乐趣，还影响了孩子对于自然界的好奇心。

静电是什么

钰钰说："你看，这个种子会飘在上面耶！"说着，钰钰又用力抖了抖袋子。袋子里有部分种子掉落到中部和底部，而另一些种子则粘在袋子上，伴随着袋子的抖动而晃动。

然然问："里面是不是有胶水？"钰钰半信半疑地捏了捏袋子说："没有，肯定没有。"说着，钰钰动手打开了塑封袋。瞬间，又有很多种子掉了下去，但还是有剩下的一点点种子粘在袋子上。

毅毅喊道："快看，我这个杯子上面也有！飘着好多种子。"说着，他举起一次性透明杯子不断晃动。

之后，钰钰举着袋子向我求助。我说："可能是静电吧！"

孩子们一个个歪着头，嘴里喊着："静电？静电！静电是什么？"毅毅说："我知道，肯定是很干净的店！可以放很多东西。""不对，是安静的电，很安静很安静的。"安安说。"那会不会触电啊？"说着，楷楷连忙很紧张地甩开了袋子。

孩子们对于这个现象非常好奇，他们不断猜测。在猜测进入瓶颈，孩子们向我们成人求助时，我们可以先告诉孩子们这是静电。至于孩子们的"为什么会产生静电？生活中还有哪些现象是静电导致的？静电给我们的生活带来了方便还是不便？"等疑问，我们可以在充分相信孩子们的基础上，借着问题的产生、好奇心的驱使，激发孩子们主动去一探究竟。

静电现象有哪些

几天后晨间活动时，安安、钰钰还有其他几个小女孩在"娃娃家"玩着娃娃聊着天。

楷楷说："我昨天问了我爸爸什么是静电，我爸爸说是科学现象，我也不知道是什么。"

安安轻轻说道："我知道，静电会捣乱，一点儿也不好！手和手碰到了会触电的！"然然马上把手放到安安手上说："没有啊，怎么没有触电啊？静电呢？"安安摸一摸然然的手，又摸一摸钰钰和毅毅的手，真的没有！安安疑惑了。

我搜到了绘本《捣乱的静电》的视频，于是放给孩子们看。欣欣看着绘本视频说："哇，狮子头，头发都炸开了，好像狮子啊，哈哈哈！"晖晖说："有点儿热的那天，老师给桐桐扎头发，她的头发就像这样的！"毅毅说："中午我们睡觉脱衣服时，衣服也会噼啪响耶！"

在前期活动中，孩子们通过回家和家长一起寻找资料，初步了解了静电。在孩子们有了这样的经验后，我们再根据中班孩子的年龄特点，借助形象生动的绘本视频进行引导，帮助孩子们更深入地了解静电以及生活中常见的静电现象。孩子们观看了绘本视频之后，会学着调动自己更多的已有经验，从生活、游戏中寻找静电。

静电的秘密

看到孩子们对静电非常感兴趣，我和孩子们一起准备了有趣的静电小实验。就这样，西瓜1组和西瓜2组开始实验起来。

楷楷、欣欣、晖晖和镐镐一组。他们拿了直尺在头上使劲摩擦，之后马上用直尺去吸纸片。1组的第一次实验一下子就成功了，每个人都试了一遍。

楷楷说："哇！我的这么多纸片都吸在直尺上了，平平的。"欣欣迫不及待地拿过直尺试了起来，说："快点儿让我也玩玩。快看！快看！我的两个纸片都立起来了。"晖晖接手玩了一会儿，轻轻说："我吸上来的纸片有点儿少耶！"有时吸上来的纸片会立起来，像跳舞一样动来动去，有时吸上来的纸片比较少。他们几个人开心地轮流玩着，还不时把直尺先放在衣服上摩擦，再去吸纸片。

毅毅拿着直尺在头上来回摩擦了几下就去吸纸片，可是纸片只稍微动了一下。他又用力来回摩擦了几次，纸片依然只稍微动了一下。毅毅让旁边的钰钰和其他小朋友都试一下，来回实验了近5分钟，还

是失败了。毅毅丢下直尺，跑到安安和欣欣面前问道：“你们是怎么弄的啊？我弄不起来了。”安安说：“你这样狠狠用力，多试几次啊！”毅毅看到安安她们成功了，有点儿不甘心，他拿起直尺在头皮上摩擦了很久。安安看到毅毅一直在摩擦，便说：“是不是有汗啊。你的手心热热的，碰到了直尺，所以纸片吸不上来了。”钰钰说：“太慢了，你看楷楷他们那么快！”

过了一会儿，毅毅主动去了满是欢呼声的西瓜1组，问楷楷是怎么成功的。在看了楷楷将直尺在头上快速摩擦，然后马上放到纸片上方后，毅毅兴奋地跑回自己组内，拿起直尺试了起来。这一次，他成功了。虽然吸起来的纸片还是很少，只有三四片，但毅毅体验到了操作成功后的喜悦，这种喜悦来之不易。

有趣的小实验能激发孩子们的好奇心和探索的欲望，吸引孩子们主动去操作、去探索，变被动接受为主动探究，让孩子们能真正在玩中学、在学中玩。实验过程中，西瓜1组的操作很顺利，实验结果很成功。另一组则遇到了困难，操作失败了，但是失败的他们并未放弃，而是在反复实验无果时主动去观看同伴的操作，然后对比自己的操作并进行反思、总结，再次尝试并最终成功。孩子们通过有意识、有针对性地对比和总结，以及再次尝试，让探索、操作的价值有了质的提升。

给爸爸妈妈的话

对于生活中不太了解的现象，偶然的一次触碰，会让孩子产生强烈的好奇心。作为家长，我们应该保护好孩子的好奇心、想象力，不要去阻止在我们大人看来完全不符合逻辑的“瞎说”，因为这是孩子基于这个年龄段独有的语言、想象和已有的生活经验得出来的。我们要让孩子不断发挥想象、发散思维，只有动脑筋想象了，才会有更多“精彩后续”。如同这次，孩子们能够观察到生活中的不同现象，他们在不断传递塑封袋、转动一次性透明杯子过程中仔细看、大胆猜测。

其实在生活中，这样的科学小现象还有很多，家长可以有意识地引导孩子去观察、去发现生活中的自然科学现象，进而拓展孩子的认知面，激发孩子探索的兴趣。如：玩跷跷板的时候，为什么跷跷板的一头沉下去，另一头就会起来呢？家长可以告诉孩子有关这一现象的专业名词——杠杆原理，然后引导孩子通过观察、实践来发现杠杆原理在生活中的各种运用，以及这个原理会给我们的生活带来什么好处、帮助我们解决什么困难。

❶ 将理论融入孩子的生活

在生活中我们会遇到各种现象，作为家长，我们要引导孩子发现生活中的科学现象，并借助绘本、视频等让孩子去了解、去探索，同时将理论转化为贴近孩子生活的内容，让高冷的理论更接地气。譬如这次孩子们发现了静电，其实经过对静电的深入了解，孩子们会恍然大悟，原来我们经常看到静电：下午起床后女孩子扎头发时，头发有时候会“炸毛”；冬天午睡前脱衣服时，也会有静电；太干燥的秋冬季节，有时候手碰金属（如金属门把手）会“触电”；天热了，户外自主游戏时，碰到滑滑梯会“触电”等。孩子们会用心去发现生活中的自然现象，然后通过不断地自我学习、主动探索，深入了解到原来静电离我们这么近。在这一过程中，孩子们也能获得一定的主动学习、观察、探索的能力。

❷ 让失败成为垫脚石

孩子对事物的兴趣和他们的耐心坚持是推动探究过程深入的基础。在活动过程中，孩子们在不同时期会产生不同的兴趣点；在用实验验证时，他们也往往会遇到各种情况。就如同静电实验，哪怕是用相同的材料、相同的方法，也可能产生截然不同的效果。家长在这时如果只一味地追求实验结果，觉得孩子得到的实验结果不是标准答案就当即否定孩子，甚至自己动手帮助孩子完成实践探索的过程，只为孩子得出正确的结果，那么这样做是不可取的。即使孩子的实验是失败的，失败的价值可能也远胜于成功。失败能引发孩子主动思考为什么自己用相同的材料、相同的方法却不能成功，也能鼓励孩子去探索、去寻找真相，还能培养孩子坚持探索的学习品质，让孩子知道：尝试探索时，失败并不可怕，认真反思、总结，主动向别人学习，我们也能成功。在这个过程中，孩子抗挫折的能力也得到了培养。

延伸练习

爸爸妈妈可以试着准备一些简单的材料，和孩子一起动手做一做小实验。如准备清水、纸杯、颜料水、瓶口塞、吸管、双面胶、直身瓶，做一做虹吸现象的小实验；准备纸片和满满一杯水，做一做大气压强的小实验。

（长兴县和平镇中心幼儿园供稿，曾雪娟执笔）

水果发电小实验

大胆猜想与探索

在科探区内，用一块电池、一个小灯泡、两根电线，大班的孩子就能成功地让小灯泡亮起来。那么用水果代替电池，是否也可以让小灯泡亮起来呢？在吃苹果的时候，文一航小朋友提出了这个疑问。“我听爸爸说，我们玩的电路不用电池的话，用水果也可以发电，这是真的吗？”这个想法引发了孩子们的好奇心。“水果还会发电？这是有超能量吧。”孩子们纷纷表示想要用水果试一试。可是该如何用水果发电呢？又该如何连接电路呢？

电路该怎么连

经过前期的折腾，我们终于将水果收集好准备开始实验了。对于最基础的一个灯泡、两根电线、一块电池的电路连接，孩子们已经非常熟悉了。但是孩子们遇到了第一个问题：在不用电池而用水果的情况下，怎么连接才能让小灯泡亮起来呢？本以为这个问题对孩子们来说会有些挑战性，但他们的思维逻辑能力远远超出了我的预期。他们拿出了之前的电路连接设计图进行了回顾，并提出“如果没有电池，那么水果就是电池，也像电池一样连着就好了”的想法。他们以一种替换思维去大胆猜想、尝试，这直观地体现了孩子们的科学探究思维以及经验的迁移。

说干就干，孩子们又开始设计起了电路图。设计完成后，孩子们便开始分组操作起来。他们将电线上的夹子直接插进了水果里，然后期待着小灯泡亮起来。可是没有一个水果能让小灯泡亮起来。面对这样的结果，孩子们只能非常失望地在记录纸上画下了叉叉。

问题出在哪儿

小灯泡到底为什么没有亮起来呢？孩子们感到很困惑，但他们并没有放弃，而是越挫越勇，都大胆地进行了猜测、分析。有的小朋友认为可能是夹子插得不够深；有的认为可能是电线连错了，不能交叉连；还有的猜测可能是夹在小灯泡上的夹子没夹紧，夹子松掉了等。他们有了想要深入探究的兴趣和欲望，还将这些猜测记录了下来，并进行了再次尝试。可是根据猜想调整过后，小灯泡依旧没有亮起来。

这时，孩子们提出："我们上网找一找别人是怎么做的吧。"于是，我和孩子们一起上网搜索，仔细观察别人实验里所用到的材料以及连接方法。

"我们也是这样连的呀，为什么不行呢？""不对，我发现他们的水果上面还插了一个金色或银色的东西。你们看，每个水果上面都有呢！"李洪文激动地说道。"好像是的，我们没有这个，这是什么呢？""我还发现他们的灯泡要比我们的小，他们的就是很小的一个。"

原来金色或银色的东西是铜片或锌片，夹子是夹在这种东西上面的，而不是直接插在水果里的，并且小灯泡也是越小越好。找到了根本原因后，我和孩子们一起在网上搜索并购买了所需的材料，开始了再一次的尝试。

为什么还不亮

"水果真的能发电吗？""真的，我爸爸说能的。""那我们也和网上一样用了铜片和锌片，为什么小灯泡还是不亮呢？"是的，我们的实验又失败了，小灯泡还是没有亮。"会不会是铜片插得不够深啊？"孩子们争先恐后地将铜片和锌片都往水果的更深处插了插，可小灯泡还是没有亮。"这个小灯泡不会是坏的吧？""啊，那怎么办呢？""这还不容易，用电池试一下不就好了。”只见周俊毅边说边拿来了电池进行电路的连接验证。“亮了，亮了！”孩子们兴奋地欢呼道。装上电池后，小灯泡一下子亮起来了。看来小灯泡是好的，不是它的原因。那会是什么原因呢？孩子们都陷入了沉默。

看到孩子们被难住了，我进行了介入，给了他们一点儿简单的提示：“会不会是铜片和锌片的位置反了呢？”孩子们听到提示后马上行动起来，调整了锌片和铜片的位置。“啊！我们的亮了！”陈锐鑫小朋友那组突然叫了起来。“你们是怎么弄的啊？能不能教一教我们？”孩子们都非常好奇，迫切地想要知道答案。“我们也不知道，连着连着就亮了，太神奇了！”陈锐鑫也有点儿蒙蒙的，他不敢相信地回答。

原来，灯泡亮了纯属巧合，孩子们还是没有找到这背后真正的原理。“要么还是算了吧，我们肯定成功不了。”李诗萌有些气馁地说道。“不行，我们都试了这么久了，水果都要浪费了。”“对呀，对呀，我们不能放弃。”在相互鼓励下，孩子们还是坚持到了最后。“我知道了，我们可以看看刚才他们是怎么弄的，然后画下来照着做不就行了。”周晟睿提议。

这个想法很快就得到了其他孩子的支持。我将成功的电路用相机拍下来传到了电视上，给孩子们观察。只见李洪文用手在线路前比画着什么。“我知道了！老师，我发现了一个规律。一个铜片，一个锌片，一个铜片，一个锌片，我们连的时候要按照这个规律连才行。”李洪文像是发现了一个大秘密一样格外地兴奋。接着，孩子们就按照这样的规律先进行电路的设计和绘制，再进行实验。

“亮了！真的亮了！哇！水果真的有超能力耶！”教室里突然传来了一阵欢呼声，好像发生了一件天大的好事情。

哪种水果电量最足

“快给我们看一看你们的有没有亮。你们的也亮了啊，可是为什么我们的小灯泡没有你们的亮呢？”“好像是的，你们看柠檬组的最亮了，其他组的好像差不多，但是也不太一样耶。”就在孩子们都沉浸在成功的喜悦中时，文一航发现每个组的小灯泡的亮度是不一样的。到底哪种水果的电量最足呢？孩子们一边观察比较，一边将结果记录在了纸上。最后他们发现柠檬组的小灯泡最亮、电量最足，其次是橙子组，接下来分别是猕猴桃组、苹果组、火龙果组。

这是为什么呢？孩子们按照记录的排名开始分析起来。“会不会是水越多，灯泡就越亮呢？我刚才弄柠檬的时候手上全是水。”“不可能！橙子里面的水也很多，比柠檬的多呢，它就排在第二啊。”刚提出的猜测被推翻了。

“那会不会是水果越大，灯泡就越亮呢？”这个想法一提出，孩子们都感觉有道理，于是他们把每组水果都看了一遍，然后比较了水果的大小。“不对呀，火龙果这么大，可它是最后一名呢。”又一个猜测被否定了。

“老师，我知道了，柠檬、橙子都是酸的，火龙果是甜的。水果吃起来越酸，小灯泡就越亮。老师，是不是这样的啊？”王子皓有些着急地问道，迫不及待地想要得到答案。到底是不是这样的呢？我们上网查找资料进行验证，发现的确是这样的，水果里的酸性成分越多，小灯泡就会越亮。这一个新发现让孩子们更有了满满的成就感，也为这次水果发电的科学探究之旅画上了一个完美的句号。

给爸爸妈妈的话

在水果发电小实验中，我作为老师也收获了很多宝贵的感受与经验，想要与爸爸妈妈们分享。

首先，在我抛出一个问题后，孩子们的反馈是让我觉得感动和惊喜的，原来孩子们的思维可以如此发散，这让我眼前一亮。其次，我们要从孩子们的视角出发，努力把活动全部还给孩子们，让他们自己决定做什么、怎么做。家长需要做的则是创设轻松的氛围和安全的环境，在旁边细心观察、仔细分析，让孩子自己去发现问题、分析问题、解决问题并进行科学的探究。对于孩子来说，这是更有意义的学习方式；对于老师或者家长来说，这也是更有意义的陪伴。

有时，孩子的兴趣和观点会与成人的有所不同。如果接纳并支持孩子的观点，他们则会获得安全感；如果我们总是说“不对”“别动”，他们主动参与探究的积极性就会被挫伤。因此，在进行科学探究的时候，我们可以让孩子无拘无束地表达自己的见解、大胆地想象和创造。我们要作为孩子的朋友、帮手，尊重并接纳他们的观点和兴趣，为他们的成功表示祝贺。

另外，语言表达能力的培养在科学探究活动中也是非常重要的，这在一定程度上体现了孩子的思维发展。因此，家长不仅要引导孩子通过实践操作感知科学的乐趣，还要引导孩子把科学实践过程和获取的结果用语言表达出来。刚开始，家长可以让孩子用前书写的方式进行表征，即通过写写画画的形式展现思考过程。在此基础上，家长可以鼓励孩子与身边的人交流。交流过程中，家长可以与孩子多进行一些问题式的互动，多问一问孩子为什么、怎么办、还可以怎么优化等问题。在这样的分享、讨论中，孩子的思维就会得到不断的梳理，并逐渐向正确的认知靠近。

延伸练习

做过水果发电小实验后，我们也可以设问：“水果能发电，那么蔬菜可以吗?”爸爸妈妈可以和孩子在家做一次蔬菜发电小实验，让孩子参与整个实验的准备、筹划、探究过程并大胆地猜想和探索。

（长兴县开发区中心幼儿园供稿，陈嘉璐执笔）

桂圆种子大行动

亲手种一粒种子

一天，吃点心的时候，轩轩突然跑到我的面前，拿着一个桂圆的核问："老师，这个就是桂圆的种子吗？"

"对呀，这个核就是桂圆的种子。"

"那它会长出桂圆吗？"

"它的确是种子，但是不一定能长出桂圆，也有可能会长出来哦！"

轩轩听了，高兴地拿着种子回去跟同组的小朋友说："老师说这个种子长大了能长出桂圆……"

过了一会儿，大部分小朋友都吃得差不多了，开始慢慢搬着椅子到前面来，我发现第五组的几个小朋友都往后面柜子那边去。我走近他们，发现他们原来是想把桂圆核放在柜子里，于是我问："为什么把桂圆核留下来呢？"

"我们想拿回去种。"轩轩抢着说，"等它长很多很多桂圆，就把桂圆拿到幼儿园给你们吃。"

既然他们感兴趣，那就试一下吧！怎么种呢？我觉得首先得让孩子们了解一些关于桂圆的知识以及种植的方法，让他们自己搜集资料可能会更有意义。

桂圆核怎么种

"小朋友们，你们知道桂圆长在哪里吗？"

"树上。""地上。""山上。""棚棚里。"

"有小朋友说对了，桂圆是长在树上的，不过我们比较少见到。今天第五组的小朋友有一个想法，他们想自己种桂圆，这不是一件简单的事情，所以请全班小朋友帮帮他们，每位小朋友回家与爸爸妈妈一起上网查一查如何种植桂圆核。”

第二天，孩子们将自己搜集的资料进行分享。

小零说：“妈妈说我们这里种不出桂圆。”

睿睿说：“要有营养土才行。”

轩轩拿来了一张妈妈写好的记录纸，上面写道：“先把吃过的核清洗干净，去干净果肉。去不干净果肉的话，水容易发臭，种子容易坏掉。用清水浸泡桂圆核，每天更换清水。泡足7天后，等桂圆核裂开一条缝，先往盆里放上营养土，用水浇透，再把桂圆核芽口朝上种在营养土里。然后往桂圆核表层盖上薄薄一层营养土，用水喷湿。之后在上面盖上小石头，用手压一下，再将石头层喷湿。”

“用这个方法可能会成功，也可能会失败，我们可以试一试哦！”我提议。

为种桂圆核做准备

“老师，我们没有泥土啊。”

“老师，先干吗呀？”

对中班的孩子来说，只告诉他们种植流程就让他们直接去做的话，他们可能会遇到一些困难，但是如果每一步大人都代办的话，孩子们的种植乐趣以及获得的经验相对来说就会少很多，可能到后来孩子们的兴趣也就没那么浓厚了。因此，从材料的准备开始，我就让孩子们自己来做。

“这么多步骤，记不住怎么办呢？”我问道。

“这个我看不懂。”依依指着轩轩记录纸上的字说。

“怎样把它变成你们能看懂的样子呢？”

“画画。”

于是他们几个小朋友让我念步骤，而他们则开始画画，最后我们将画好的步骤按照顺序贴在植物角里。虽然是简单的几笔，但是他们能看懂，也知道每一张图代表什么意思。

其他材料还没有怎么办？用什么泡发桂圆核？从哪里弄营养土？没有盆怎么办？对于这一系列问题，孩子们争相发表意见。“我们的小菜园里有很多泥土，可以挖一点儿。”“‘娃娃家’里有娃娃用的碗。”“我们的积木盒也可以用……”

我们的种植开始了

将洗干净的桂圆核浸泡在盆里后，孩子们时不时地会跑过去看一看这些种子有没有发生什么变化，每天来得最早的孩子会给桂圆核换一盆干净的水。不过几天过去了，桂圆核并没有什么变化。

双休日一过，周一早上孩子们有了一个大大的惊喜——有些桂圆核真的裂开了。“老师，我们的桂圆种子发芽了，我们是不是可以把它种在泥土里了啊？”他们急切地想要把发芽的桂圆核种植到盆里。

利用早锻炼的时间，我和孩子们一起去小菜园里挖了一些土，然后将桂圆核种了进去。但同时，我也给孩子们提了一个问题：“桂圆核能在水里发

芽，那么能在水里生长吗？”“可以。”“不行，它是在泥土里长大的。”既然有两种意见，那不如都试试吧！孩子们决定用水培和土培两种方法来种桂圆核。

每天，孩子们都会给土培的桂圆核浇水，给水培的桂圆核换水，但是他们也发现了一点儿问题。可能因为太过爱护，每个孩子都会浇一点儿水，结果导致水浇得太多了。利用午餐后的时间，我带孩子们一起观看了一个名为《甜心格格》的视频，视频里的花儿被浇了太多水结果死了，我希望孩子们能明白浇水也要适量。

种植桂圆核的小成果

一周后，我们的种植活动也有了结果。土培的桂圆核有两盆因浇水过多而发霉了、坏了，只有一盆冒出了新芽，绿油油的，孩子们直呼“好可爱”。水培的桂圆核没有发芽成功，这说明土培的方法更好。整个活动中，孩子们一直都参与其中，他们见证了本来吃完就丢的小果核是如何破土成功的，这不仅让他们增长了经验，也让他们收获了一份小骄傲。

第二周吃苹果的时候，班里有一部分孩子还没开始吃就在那边挖苹果籽了。“老师，这个苹果核也能种出苹果吗……”

给爸爸妈妈的话

简单的种植活动是孩子感受植物生长过程的宝贵机会，种植活动不仅能培养孩子对植物的兴趣，让孩子学到许多关于植物的科学知识、掌握简单的种植技能，还能够培养孩子的爱心、耐心、责任心，以及在观察、比较方面的能力。

如果孩子的种植活动都是由家长代劳的，那么孩子对于植物以后生长情况的关心程度就不高，再加上植物的生长需要一个过程，孩子的兴趣可能就无法持续那么久。但如果是孩子亲自参与的、为解决一个问题而开展的种植活动，那么他们的关注度就会一直在线。学习并不只在课堂上，通过实践所获得的感受和记忆会更加深刻。在种植桂圆核的过程中，孩子们会主动去查找资料，会时时刻刻主动去关注桂圆核的生长变化，有些本不在意的小朋友也会因受到同伴的影响而每天早上去看一看、浇一浇水。因此，我们要抓住孩子的探究欲望，给予孩子观察和探索的空间，让孩子的学习一直前行。

延伸练习

种植植物的过程中，可以让孩子多观察、多记录，引导孩子关注气候、地域、阳光等影响植物生长的环境因素。

（长兴县中心幼儿园供稿，沈芳执笔）

黄萼裳裳

探秘真假油菜花

春天到了，幼儿园里粉色的桃花、雪白的梨花竞相开放，就连菜园里也随风袭来一股花香，孩子们在花海中闻一闻，看一看，和好朋友说一说，兴奋不已。

“油菜花的花瓣好小，像把小扇子。”

“油菜花金黄金黄的，花苞像个小豆子。”

“它的花瓣好像蝴蝶呀。”

一张油菜花照片引发的“纠纷”

孩子们对油菜花充满了好奇，纷纷跑到菜园里和油菜花合影。

果果兴奋地喊起来：“一一，快来看，好多花呀！”

叫喊声吸引了孩子们围观，大家纷纷跑过来，说着要和美丽的油菜花合影，想当花仙子。

一一说：“这些油菜花太高了，照片里都没有我的头了！”

孟孟说：“我昨天在家里拍的照片，油菜花比我矮很多呢！”

顿时，众多孩子纷纷看向孟孟，嚷着“你骗人，吹牛呢吧”“你和我一样高，油菜花不可能会比你矮”……孩子们对孟孟的话表示怀疑。

我发现孩子们对油菜花产生了极大的兴趣。因为孩子探究的动机基础和内在动力是好奇心，所以我决定抓住这次机会，和孩子们一起来一次真假油菜花的探秘之旅。

一次真假油菜花的探秘之旅

探秘第一步：了解油菜花

和孩子们一起进行了谈话活动后，我整理出了他们发现的和想要知道的问题：为什么有些油菜花这么高，有些油菜花这么矮？难道油菜花有很多种类，不同种类的油菜花就像双胞胎一样，长得很像？

我给他们布置了一项任务，让他们尝试收集有助于解决这些问题的信息。

第二天，孩子们带来了自己收集的信息。

果果说："油菜花黄黄的，一堆堆的，长在田里。"

前前说："油菜花长得直直的、高高的，比我都高呢！"

一一说："春天的时候，油菜花才会开，和桃花开的时间是一样的。"

扬扬说："我妈妈说油菜花可以结籽、榨油，榨成的油就是我们说的菜油。"

孟孟说："榨油？可是我昨天都吃过油菜花了呢！"

……

孩子们通过自己观察和向他人寻求帮助等方式，收集到了各种各样的关于油菜花的信息。既然孩子们对油菜花已经有了进一步的了解，那么接下来可以让他们来区分真假油菜花了。

探秘第二步：初观油菜花

我问："既然你们说了这么多，那是不是用眼睛看一看、用手摸一摸就会知道到底谁才是真的油菜花了呢？"

孟孟若有所思，然后说道："那我明天就把家里的油菜花带过来，我们一起看一看！”

第二天，孟孟将家里的油菜花带到了幼儿园。“你们看，我说的没错吧，这不就是油菜花吗？”

孩子们围着孟孟的油菜花观察了起来，有闻一闻的，有看一看的，还有摸一摸的。

一一说：“好像是一样的耶！”

扬扬喊道：“不一样，不一样。这个的叶子这么小，比我在幼儿园看到的油菜花的叶子小多了，不信你们去看！”

孩子们听完扬扬的话，都跑去菜园里观察油菜花了。

“一样……”“不一样……”

“我们可以取下来一朵和孟孟带来的做比较，这样我们就会知道孟孟说的对不对啦！”孩子们在我的建议下摘取了菜园里的油菜花，并拿到了班级里。

探秘第三步：绘制比较表格

为了让孩子们的观察更加明确、有序，我和孩子们一起分析、讨论，并且设计了一份调查表格。

一一说：“我知道植物有根、茎、叶，我们可以先观察一下这两种油菜花的根、茎、叶！”

前前回应：“是的，这样我们可以更加清楚地比较了。”

悦悦说：“那我写下来，这样就不会忘记了！”

孩子们觉得一一和悦悦的方法都很不错，于是在观察了两种油菜花的根、茎、叶之后，用前书写的方式将观察到的内容逐一记录在了表格中。

随后，我组织孩子们又进行了一次谈话活动。我先让孩子们看一看表格中的内容，然后让孩子们说一说看懂了什么，还有什么疑问。从孩子们的反馈中，我发现他们的观察是无序的，甚至观察时有很多遗漏点。因此，我向孩子们提议可以采用自下而上、由外至里的方法进行观察。

探秘第四步：自下而上地观察

在已有经验的驱动下，孩子们自下而上地观察着真假油菜花的根、茎、叶。

一一忽然说："一个大，一个小！"

友友补充道："幼儿园里油菜花的根比孟孟带来的油菜花的根粗很多呢！孟孟的油菜花像小草一样。"

"对啊，对啊，我也发现了。"孩子们纷纷回应着。

"我还发现孟孟的油菜花长得很小，只有一朵大花，而幼儿园的油菜花不仅有大花，还有一朵朵的小花。"

"幼儿园的油菜花叶子小一些，还有点儿白白的，孟孟的油菜花叶子是椭圆形的，好像青菜的叶子！"扬扬一本正经地说道。

"一个叶子边上是有锯齿的，一个没有！"

……

孩子们通过自下而上的方法进行了观察，比较了真假油菜花的根、茎、叶的异同之处，发现了真假油菜花在根的粗细、叶的颜色、花的多少等方面存在异同。

探秘第五步：由外至里地细看

之后，我也鼓励孩子们尝试用由外至里的方式进行探究。"既然花不一样，我们再来观察一下花吧！"

"花？可以怎么观察呢？"孟孟疑惑地问道。

一一拿起两簇花朵，喊道："一个闻起来香香的，一个没有味道！"

"这朵花开得大一点儿，这个小一点儿，像花骨朵儿。"

随后，孩子们陷入了思考……

我提议："先看一看花瓣有几片吧！"接着，我给他们拿来了各种小工具。

友友说："那我用镊子把花瓣取下来，看一看里面有什么。"友友一边操作一边说着："哇，有4片，黄黄的、绿绿的，形状比花瓣要小一点儿，真假油菜花都有一样的数量。"

"这个细细长长的是什么？怎么有6个？而这朵花只有1个？"扬扬问道，"是不是没有长大呀？还是本来就不一样呢？"

追随着孩子们的困惑点，我又给他们讲了花的组成结构。一朵花是由萼片、花瓣、雄蕊和雌蕊组成的，孩子们也知道了原来花里的细细长长的东西是雄蕊。

一番探秘后，孩子们终于知道了原来幼儿园里的才是真正的油菜花，孟孟从家里带过来的是假油菜花——青菜花。

给爸爸妈妈的话

大自然、大社会都是活教材，给我们提供了丰富的学习环境。与环境的互动既能让孩子体验大自然带来的乐趣，还能熏陶孩子的好奇心和探索欲。动手探究是孩子满足好奇心、找到问题答案的必由之路，而探索赋予了孩子主动学习的武器。在真假油菜花的探秘中，孩子们亲身体验、自主探索、讨论互动，收获了别样的精彩，这就是"生活即教育"的魅力所在——激发自主学习的热情，让"思"和"学"真正地发生。

在支持孩子动手探究的过程中，家长要注意以下两个方面：

❶ 学会记录活动，让进程可持续

在鼓励孩子猜想、假设并说明理由的同时，家长也要及时记录孩子的动态，让记录下来的内容成为可持续探究的资源。为了能够使孩子的观察更加明确，家长可以带领孩子制订观察表格，分析、讨论所要解决的问题。

❷ 学会投放材料，让探索更科学

家长可以留心观察孩子的需求，及时投放相应的探索性材料，例如纸、笔、镊子、小刀等；也可以引导孩子用小刀来切一切植物的茎和根，用镊子取下花瓣，看一看花瓣的数量、花的结构等。

延伸练习

家长可以借助乡土资源，和孩子一起参观田野里的油菜花和菜地里的青菜花，真真正正地到油菜地和青菜地去看一看，真情实感地感知油菜花和青菜花的异同。

（长兴县李家巷镇中心幼儿园供稿，周义樊执笔）

小菱角，大学问

动手动脑，探究菱角

“老师，你看对面的池塘里有位老爷爷在摘菱角。”听到郑骆嘉小朋友的话语，所有孩子都趴在农家小院的围墙上看对面池塘里的老爷爷采菱角。

“你们看，他坐的那个菱桶和我们的这个是一样的。”“快看呀，老爷爷拎起来的菱角叶里藏了好多菱角宝宝呢。”“我吃过这个菱角，我们家就有，我奶奶也去摘过呢。”孩子们兴奋地讨论着。

看到孩子们对菱角如此感兴趣，我问他们：“你们想不想出去看一看爷爷是怎么采菱角的呀？”孩子们都开心地跑向我这边，异口同声地说：“想。”于是，我准备带着孩子们去池塘边看一看。

来到池塘边时，爷爷却已经上岸准备离开。但是这并没有影响孩子们积极参与的热情，他们开始询问起爷爷有关菱角的问题。“爷爷，你是怎么采菱角的?”“爷爷，菱角好不好吃啊……”从爷爷这里了解到菱角的一些知识后，我和孩子们决定来一场动手动脑、探究菱角的活动。

我认识的菱角

我们来到了池塘边。当看到满池的菱角后，孩子们发出了惊讶的感叹声并纷纷议论开来。“老师，为什么这个菱角是青色的?”“老师，让我摸一下这个菱角。”“嗯？为什么菱角的壳摸起来硬硬的?”“老师，这个菱角为什么闻起来臭臭的?”

孩子们通过看一看，发现了菱角的颜色；通过摸一摸，知道了菱角的壳是硬硬的；通过闻一闻，感觉到了菱角是臭臭的。看到孩子们对于菱角这么好奇，回到幼儿园后，我请孩子们用自己的方式把观察到的菱角进行了简单的记录。

不一样的菱角

第二天，孩子们仍旧兴趣盎然，他们纷纷从家里带来了许许多多的菱角。我对孩子们说："你们来看一看，大家带来的菱角有什么不一样啊？""老师，菱角的大小不一样。""老师，菱角的颜色不一样。""老师，菱角的气味不一样。"

我追问："你们闻到的菱角的气味是什么样的？""有一些菱角闻起来是臭的，有一些菱角闻起来是香的。"

"哦，那是为什么呢？"我继续追问。

"嗯……可能是因为煮熟了吧，煮熟了的菱角的气味肯定是香的，没煮熟的气味肯定是臭的。""老师，我还发现没煮熟的菱角是绿绿的、红红的，但是煮熟以后它就变成黑色的了。我奶奶在家里烧菱的时候我看到的。"

这时，陆米嘉小朋友的话又引起了激烈的讨论，大家纷纷表示想烧一次菱角。

给菱角分分类

通过前几天对菱角的认知，孩子们已经对菱角的特点有了经验，并且能用自己的方式说出不同菱角的区别。那如何利用孩子们感兴趣的菱角，让他们获得更多的感知、认识、能力和情感呢？看着孩子们渴望的眼神，我决定请陆米嘉的奶奶和大家一起开展烧菱角的实践活动。

菱角烧好后，我和孩子们玩起了给菱角分类的游戏。

"请找出红色的有4个角的菱角。找出来把它给吃掉哦！""请找出吃起来糯糯的，颜色黑黑的，只有两个角的菱角。找到后吃掉它……”游戏中，孩子们非常投入，而且他们寻找菱角的速度也特别快。

就这样，在玩一玩、分一分、吃一吃菱角的过程中发生了许多有趣的事情，而这些有趣的事情也将对孩子们的发展产生深远的影响。

给爸爸妈妈的话

在日常生活中，家长要引导孩子善于发现蕴含在生活中的各种“问题”，并基于孩子感兴趣的点创设有效的问题情境，鼓励孩子运用多种感官来认识事物。在聊一聊、摸一摸、闻一闻、玩一玩、做一做中，邂逅更多亲子之间的美好故事，与孩子一同学习、一同成长。

爱因斯坦曾经说过：“提出一个问题比解决一个问题更重要。”没有问题哪来的探究？探究是孩子学习的方式，探究发端于问题。如何有效地引导孩子发现问题、提出问题呢？家长可以这么做：

❶ 培养孩子发现问题、解决问题的兴趣

孩子往往会提出各种各样、五花八门甚至漫无边际的问题，家长应该给予他们积极的鼓励，少给他们严厉的训斥或者无视，否则孩子那种提问的欲望会被无情地扼杀在萌芽状态。牛顿看到苹果落地后不断地问自己：“苹果为什么不向天上飞？”瓦特看到壶里的水开了之后自问：“壶盖为什么会响？”正是这些在我们看来有些愚蠢的问题，造就了万有引力定律的发现和蒸汽机的发明。孩子的提问，即使在我们看来有时候是可笑的，但对孩子来说这是他们经过思考得来的问题，是严肃的问题

❷ 创设合理的情境，让孩子能更容易地发现和提出问题

好的活动情境中其实蕴含着许多的教育价值，因此家长可以根据孩子的年龄特点创设相应的情境。对于年龄较小的孩子，家长可以通过有趣的故事

情境、孩子感兴趣的动物等形象调动孩子提问的兴趣；对于年龄稍大的孩子，家长可以通过角色置换、比赛等形式激发孩子提出问题，并进而与孩子一同解决问题。通过创设趣味的情境，层层引导，让孩子在游戏化的情境中学习，孩子会兴趣高涨、激情投入，进而在感知、操作、交流、讨论中不知不觉地玩出智慧、提升认知。

记住，父母是孩子永远的老师。家长应多主动问孩子问题，多主动让孩子自己提出问题，多以“问题”的眼光启发孩子，让孩子在解决问题和参与活动的过程中走近生活、喜欢生活、更好地生活。

延伸练习

与孩子一起玩寻找影子、踩影子、画影子、影子配对等游戏，激发孩子提出有关影子的问题，如影子产生需要什么条件、影子为什么会变大变小等，然后与孩子一同寻找问题的答案。

（长兴县太湖图影中心幼儿园供稿，叶苗执笔）

探寻蚯蚓的秘密

感受自主探索的乐趣

孩子们正在青青菜园里寻找秋天的蔬菜，突然璇璇大叫："看！菜地里有一条虫。""它不是虫，它是蚯蚓！"一旁的小一边说边用手指碰了碰小蚯蚓，轩轩还捡了一根枯树枝去戳小蚯蚓。不一会儿，更多的孩子围拢了过来，大家都想去拨弄小蚯蚓。由于拥挤，轩轩差点儿踩在了小蚯蚓的身上。"哎呀，你们别碰我，差点儿踩死蚯蚓了，你们可以自己去找蚯蚓呀。"

轩轩的话点醒了我，于是我鼓励孩子们去寻找蚯蚓。在寻找蚯蚓的过程中，孩子们不断地嘟囔着"小蚯蚓怎么会在这里""它是要出来找食物吃吗""蚯蚓喜欢吃什么""它住哪里呢"……

蚯蚓哪里来

我四处走动寻找蚯蚓，一部分孩子跟着我，问我找到蚯蚓了没有。我说："还没有找到，不知道蚯蚓是从哪里冒出来的，得好好找一找。"孩子们看见我这么"认真"地寻找，更是充满了期待。他们有的去草地寻找，有的去泥地寻找，有的去跑道寻找。

"老师，你知道蚯蚓的家在哪里吗？蚯蚓是从哪里来的？蚯蚓会不会咬人？""蚯蚓为什么没有脚还可以走路？"孩子们的问题不断涌出。面对这一连串的问题，我没有一一回答，而是让他们自己去寻找答案。

餐后自由时间总是短暂的，孩子们在未找到蚯蚓的遗憾中走回了教室。下午起床后，我就此机会向孩子们提出问题："蚯蚓喜欢生活在哪里呢？"孩子们猜测“小蚯蚓喜欢在菜地里”“小蚯蚓在水里”“小蚯蚓喜欢睡在树上”“小蚯蚓应该会住在它的地下宫殿里吧”。

那么蚯蚓到底喜欢生活在哪里呢？通过两周的观察与寻找，孩子们发现蚯蚓不睡在树上，也不喜欢在水里，更没有宫殿住，大部分蚯蚓都是在泥土里被找到的。

那么所有的地下都有蚯蚓吗？我们在幼儿园菜园的地下尝试挖蚯蚓，可是刨了很久也没有挖到。为什么刨出了这么多的土却还没有看见蚯蚓呢？我引导孩子们思考，“你们是什么时候看到蚯蚓的？你们觉得在什么时候容易发现蚯蚓？”孩子们开始思考。“好像我们找到蚯蚓的时候泥土是比较湿的。”小一说。“我是在下雨天的时候看到了蚯蚓，在泥坑里。”乐乐说。孩子们商讨后，决定等下雨的时候再来找一找。

几天之后正好下了一场雨，泥土变得潮湿、松软一些了。我们又去挖蚯蚓，这次总算成功找到了蚯蚓。由此，小朋友们知道了，原来蚯蚓喜欢生活在潮湿、松软的泥土里。

蚯蚓受伤了

找到蚯蚓后，我觉得还可以挖掘出更多蚯蚓的秘密，于是我鼓励孩子们将蚯蚓带到我们的植物角中进行观察、喂养。

蚯蚓的颜色都是一样的吗？蚯蚓的五官在哪里？它的身体是什么样的？它是怎样爬行的？我将问题抛给孩子们。孩子们通过近距离观察蚯蚓，了解了蚯蚓的身体结构特征。为了加深孩子们对蚯蚓的了解，我投放了一张“蚯蚓知多少”调查表，孩子们用自己的方式进行了图画表征。他们知道了蚯蚓有的是红褐色的，有的是黑色的；蚯蚓的身体是一节节的，两头较尖，靠近身体的一端有一节较宽，是白色的；蚯蚓有嘴巴，但没有眼睛；蚯蚓运动起来会伸缩身体。由于孩子们过度“热情”，有些蚯蚓“受伤”了，甚至已经

“奄奄一息”。

根据孩子们的发现，我们对“小蚯蚓为什么会受伤”这一话题展开了讨论。“如果没有水，蚯蚓就会受伤、干死。”“水太多了，蚯蚓也会被淹死。”“在太阳的强光照射下，蚯蚓也会被晒伤。”“蚯蚓可能是被谁踩死的，或者是被谁用棒子戳伤的。”“蚯蚓断了身体，所以会受伤，受伤了、流血了就会死。”“蚯蚓找不到东西吃，所以是饿伤的。”

通过讨论，孩子们明白了蚯蚓受伤的原因有很多，我们不能随意拨弄蚯蚓，因为这会导致蚯蚓的身体破损，同时我们要保证蚯蚓所需的阳光、水和食物等外在条件良好。这会儿，又有小朋友提问：“蚯蚓饿了会吃什么呢？”有的说蚯蚓吃萝卜，有的说蚯蚓吃蜗牛壳，有的说吃树叶……

蚯蚓吃什么

我鼓励孩子们猜一猜蚯蚓喜欢吃的食物，然后将食物画下来。到底蚯蚓是不是如孩子们心中所想的那样喜欢吃他们猜测的那些食物呢？我们决定进行一段时间的喂养与观察。我提供了喂养蚯蚓的记录表，请孩子们在记录表中画每天给蚯蚓喂的食物，并让孩子们选择在来园时、午餐后、放学前这3个时间段喂养。

一周后，小朋友们发现放在蚯蚓盒子里的食物并没有减少。喂养实践证明：蚯蚓只会吃土壤下的一些菜叶、树叶以及土壤中的其他物质等，它几乎不会吃饼干、大苹果。

蚯蚓的新家

了解了蚯蚓的一些习性后，孩子们纷纷表示想给蚯蚓找一个好的新家。那么蚯蚓住在哪里最舒服？蚯蚓可以住在花盆里吗？孩子们进行了辩论。

正方观点

能住在花盆里

一一：经常浇水，土是潮湿的。
轩轩：蚯蚓可以松土。
朵妹：泥土里有许多营养物质，蚯蚓会吸收养分。
泽泽：蚯蚓可以打洞到底部，水也可以流到底部。

反方观点

不能住在花盆里

梓豪：花盆小，万一下雨，蚯蚓没地方躲。
浩然：太阳光太强了。
涵涵：蚯蚓离开了妈妈会很孤单。
丽莎：花盆里没有吃的，蚯蚓不方便出来找吃的，会饿死的。

大部分孩子认为蚯蚓能住在花盆里，但事实不是我们随口猜猜而已的，我们需要用科学的知识来支撑。因此，我和孩子们一起寻找了资料。在观看了相关的视频和图片后，孩子们得知：最好不要将蚯蚓放到花盆里，蚯蚓是雌雄同体的，蚯蚓还有药用价值。

蚯蚓的本领

为什么蚯蚓要生活在土里？它又有什么本领呢？我又进行了追问，孩子们又继续去寻找答案。过了几天，孩子们从家里带来了绘本《蚯蚓的日记》《蚯蚓阿俊》《蚯蚓救援队员》进行分享。通过同伴的分享和讲述，孩子们知道了蚯蚓是没有牙齿的，蚯蚓喜欢躲在泥土里是因为可以躲避敌人，而且蚯蚓喜欢吃泥土里的食物，它还可以松土、处理垃圾呢。小小的蚯蚓还有很多的作用：当作鱼饵，是小鸡、小鸭的食物，还能入药……除此之外，蚯蚓还有一个特殊的本领——再生。

为了验证蚯蚓的再生本领，我们一起做了蚯蚓再生实验。我们将蚯蚓的尾部与它的躯干分离，然后观察蚯蚓的变化。通过实验，孩子们清晰地感知到即使尾部断了，蚯蚓仍旧能爬行。孩子们还发现，脱离泥土一段时间后，蚯蚓并不会死，还会继续在外面爬行。由此可见，蚯蚓的生命力真的很顽强。但是也有孩子表示：把蚯蚓的身体分开太可怕了，我们还是让小蚯蚓快乐地生活吧。在孩子们的提议下，大家一致决定把蚯蚓送回家（放生）。

这些看起来简单的问题，却是打开孩子们探究之门的一把钥匙。孩子们在不断地发现问题、解决问题中丰富了认知、积累了经验。我们要以问题为切入口，鼓励孩子们运用身边的各种资源来寻找答案，让他们始终是活动的主人。

给爸爸妈妈的话

❶ 在“看”中学，浸入现场捉精彩

《3—6岁儿童学习与发展指南》提出：“成人要善于发现和保护幼儿的好奇心，充分利用自然和实际生活机会，和幼儿一起发现并分享周围新奇、有趣的事物或现象，一起寻找问题的答案。”孩子在日常生活中遇到的很多科学现象、科学活动往往会被成人忽略，家长朋友可以像我一样“身临其境”地去看、去参与孩子的活动。只有站在孩子的角度，才能更清楚地了解他们想要什么，并给予他们引导与帮助。这也是促进孩子主动探究科学的有效手段。

❷ 在“谈”中知，思辨疑惑明缘由

在故事中，孩子们起始的活动目标因他们对蚯蚓的原有认识不足受到限制，而成人的适时提示会使目标更清晰。家长不要直接告诉孩子答案，而是要让孩子不断地提问、不断地思考、不断地实践。建议家长多与孩子交流，发现孩子感兴趣的点并且不断地提问与追问，激发孩子的探究欲望，运用一些问题让孩子去推理、去思考、去关注周围的世界并接受科学启蒙教育。

❸ 在“探”中得，聚焦目标撷精华

孩子对很多事物的认识只是表面的，如果没有成人的引导，孩子可能就会想当然地认为自己的想法是正确的。但在自主探究中，孩子通过对每一次出现的问题进行追踪，通过自己尝试、探索、操作来解决问题，不断建构、体会和思考许多关系，既能找到解决问题的方法，又能验证自己的想法，这正是孩子在成长过程中积累经验的一个过程。建议家长多用与孩子一起猜想、辩论、画调查表、做小实验等方式来帮助孩子探究并验证他们的想法是否正确，让孩子深入地感受科学探究的过程和方法。

延伸练习

亲子外出游玩的时候，家长可以引导孩子关注周围的事物，如四季的变化、动植物之间的关系等，培养孩子的科学探究能力。

（长兴县泗安镇中心幼儿园供稿，季丹丹执笔）

兔子棉花死了

科学饲养，感知生命

小班孩子入园后的第二个学期，孩子们对在建构区搭建“兔子的家”很感兴趣，他们会将从家中带来的兔子毛绒玩具以不同的角度摆放在自己和同伴搭建的作品中，并通过不停地调整搭建方式来给兔子搭建更适宜的家。我很好奇地问孩子们：“为什么这么爱搭兔子的家？”“因为兔子可爱。”“兔子有红红的眼睛。”“我上次在邻居家看见了一只小黑兔……”过了几天，班里来了两位兔子朋友，孩子们用投票的方式给它们分别取名为棉花和阿奇。

兔子棉花和阿奇加入我们的班集体后，孩子们每天以轮组的方式对兔子进行5～10分钟的观察和喂养，而且在平时也会和老师、同伴、家长交流自己的感受和发现。经过两周的观察和喂养，孩子们有了最初步的喂养经验，也和兔子有了越来越深的感情。虽然孩子们每天都会去观察并喂养兔子棉花和阿奇，但喂养过程并不是一帆风顺的。

兔子棉花怎么死了

喂养第三周的周一，兔子棉花死了，这个意外事件首先让我们老师受到了打击。不一会儿，孩子们陆陆续续来幼儿园了，他们习惯性地往饲养角里看并大声问我：“沈老师，棉花呢？”我有点儿低落地说：“棉花死了。”陆弘毅问：“它还会回来吗？”我摇摇头。林晓雪伤心地说：“以后再也见不到棉花了。”我抱了抱她。高兴转了转小眼睛，然后问我：“棉花为什么死了呢？”她开始哭了起来。我说：“每个人、每个小动物都有生命，也都会面对死亡。棉花来到我们身边给我们带来了欢乐，让我们了解了兔子这种小动物。现在它走了，它给我们留下了回忆，让我们知道了什么是死亡，同时也在考验我们有没有变勇敢、变坚强。你们是坚强的孩子，对吧？”听到我说这些，孩子们点点头，停止了哭泣。

陆弘毅看着我，不解地问：“为什么会死？是有人给它喂水了吗？”“有可能。”我答道。林晓雪说：“我知道，一定是有人给它吃花了，它才死的。”我立刻回应：“也有可能，兔子是不吃花的，对吗？”她点点头。高兴在一旁急忙插话：“我知道，我知道，是喂树叶了，棉花不吃树叶的……”懵懵懂懂的孩子们围在一起，说着自己知道的知识。

如何面对兔子棉花的死亡

陆弘毅又在我耳边说：“沈老师，我有好办法，把萝卜画出来，这样哥哥姐姐就不会给兔子喂树叶了。”陈和璐说：“对，这样棉花的好朋友阿奇就不会死，棉花知道了一定很开心。”程雨佳说：“老师，我会画萝卜。”“好的，孩子们，这个办法很好，我们可以试试看哦。不过，如果要加一些提醒哥哥姐姐的文字，而你们写不来，该怎么办？”高兴开心地说：“可以请妈妈写。”

集中活动过后，很多孩子都去看兔子阿奇，他们又开始讨论起来。吴悠问：“老师，为什么棉花每天吃胡萝卜也会死啊？阿奇是不是也会死？”我说：“我也在想这个问题。”吴艾萌说：“一定是周六没人陪它们说话。”我说：“也有可能。”马奇朵说：“是不是阿奇也要晒晒太阳啊？”我说：“对啊，我们怎么没有早点儿想到，让阿奇自由地玩一玩，放松自己，开开心心。”陆弘毅说：“阿奇也要和我们一样锻炼身体，这样阿奇就不会死，耶！”我说：“你想得真仔细，这样阿奇就会让自己的身体棒棒的！”

对于这次兔子棉花死了的事情，我们老师首先考虑的是该不该把死亡的消息告诉孩子们，悲情教育会不会挫伤他们的情感。但是想到喂养和探究还要继续，于是我决定把消息告诉他们。因为既然问题出现在我们探究的过程中，那失败了我们也要共同面对。在和孩子们交流的过程中，我发现他们会哭泣、失落、伤心，也发现他们感受到了生命的脆弱和可贵。在我的引导下，他们初步明白了生命和死亡的概念。

孩子们也关注到“棉花为什么死亡?”的问题，他们有很多的疑问。在和我交流时，他们平时积累的点滴喂养常识都体现了出来，如他们会问“是有人给它喂水了吗?”“是有人给它吃花了吗?”等问题，说明通过我们之前共同的观察和喂养，孩子们已经知道了兔子不能喝水，不能吃花、树叶等初步的喂养常识。当孩子们提出“把萝卜画出来”以及“晒晒太阳”“锻炼身体”时，我发现孩子们已会预想利用某种途径、方式来尝试避免兔子的死亡。同时，在讨论中，孩子们和我都意识到：该怎么纪念死去的兔子棉花呢？只有让它的同伴阿奇健健康康的才是最好的。

孩子们的想法和主动讨论都是他们接触自然、了解动物、感受生命成长的机会。就这样，突发的一件事让孩子们经历了从伤心到面对事实，再到积极、科学地关爱兔子阿奇的过程，真是一波三折，孩子们的情感也在不断地蜕变和升华。

给爸爸妈妈的话

饲养角里的各种小动物为孩子们接触自然、了解动物、感受生命成长、增强责任意识等提供了资源与机会。正如陈鹤琴所言，“大自然、大社会都是活教材。”教材的“活”意味着其教育价值可以不断拓展与深化，意味着饲养活动不能止于喂养。家长应该和孩子认真调查和研究，开始一次温馨而美好的生命教育和探究之旅，孩子能从中体验科学方法、萌发科学精神。

家长可以告诉孩子生命是有周期的，死亡是生命的一部分；可以抓住兔子棉花死了这样的机会，让孩子明白生命与死亡的关系，也让孩子学会在面对人或动物死亡时如何更好地处理自己的情绪。同时，在这个阶段，孩子已经有了一定的社会认知能力，家长还可以告诉孩子死亡是一件很危险的事，并培养孩子的安全意识，这是非常重要的。

如果遇到饲养的小动物死亡的情况，家长应该支持孩子进一步寻找喂养小动物的经验来避免类似死亡事件的发生，引导孩子利用科学探究的方式来间接地纪念死去的小动物。这时，有着主导权的大人可以主动和孩子一起查找一些有关喂养小动物的资料和经验，可以利用图书、电视、网络等资源展开调查，以便孩子能更好地喂养小动物。在这个过程中，家长可以尝试和孩子一起讨论和交流如小动物一天要吃几餐、能吃什么、不能吃什么等问题。这种互相交流的过程，能促使孩子产生成为合格饲养员的愿望。同时，家长可以把和孩子讨论、交流的内容记录下来，那么孩子从中可能就会发现以往喂养过程中的许多不够科学的地方，如没有定时、定量喂养等。孩子在调查后还能向其他班的孩子分享自己调查得来的喂养常识，这大大增强了孩子的自信心和自主意识，让孩子对生命更加敬畏。

在科学饲养活动中，孩子收获的不仅仅是喂养小动物的丰富的、科学的知识，更多的还有人文的关怀，以及人与动物如何和谐相处的道理。此外，孩子也能萌发珍惜生命的意识。

延伸练习

和孩子一起饲养蚕宝宝，在轻松愉悦的环境中，引导孩子直接感知、亲身体验、实际操作，让孩子收获探索乐趣、积累饲养经验，更促使孩子体验生命从生长到死亡的过程，进而让孩子学会正确面对死亡。

（长兴县实验幼儿园供稿，沈萍萍执笔）

霜降节气我知道

生活中的节气教育

二十四节气是古人探究自然规律后的独特创造，凝聚了数千年来劳动人民的智慧，更是中华民族优秀的传统文化资源。在大力倡导传承中国传统文化的当下，如何让幼儿园里的孩子们了解二十四节气，又如何让孩子们用喜欢的方式去感悟二十四节气与人们生活的关系呢？我和孩子们开启了一段与节气相遇的旅程。

绘本故事中知道节气

一天，然然带来了绘本《二十四节气》。在自主活动时间，他兴奋地向同伴介绍着二十四节气："我妈妈说再过几天就是霜降节气了。""什么是二十四节气？"一旁的豆豆有些不明白。"就是一年有二十四个节气呀，不信，你看书呀。"然然回答。

一套绘本引发了孩子们的讨论，我想，这是一个让孩子们了解节气的好契机。图文并茂的绘本可以让孩子们走近看似离他们的生活有些远的节气生活，也能让他们对节气有粗浅的认识，如知道一年有春、夏、秋、冬4个季节，每个季节有3个月，每个月有2个节气，总共有24个节气。

饮食保健中了解节气

孩子们还在继续讨论节气，特别是然然，像个小老师一样说道："这个霜降节气到了，是看菊花的好时候。""那我们可以去北汤看菊花。我们北汤的菊花最好看了！”旁边的悠悠马上附和道。其他小朋友也说道：“书上说要多吃萝卜、梨子。”

“那霜降节气还有什么特别的地方吗？”我追问。孩子们突然没什么声音了，看来他们对霜降节气的了解还不多。

悠悠突然说：“老师，我们不知道的话，可以查查手机。”“是的，我妈妈不知道的时候都会百度一下。”顺着孩子们的话题，放学前我给他们布置了一个任务——回家搜集一下霜降节气的其他知识。

第二天，孩子们兴奋地讨论着关于霜降节气的美食，看来他们对吃最感兴趣。“我妈妈说，秋天要多吃些梨子、柿子。”“我奶奶说，现在这个季节的萝卜最好吃了！”“手机上说可以做梨子红枣汤喝。”

小宝说：“梨子还可以煮汤喝？我没喝过。”

“我咳嗽，妈妈做过冰糖梨子，甜甜的。”然然说。

“我也没吃过煮汤的梨子。”又有孩子说。

“那我们要不要自己做一做梨子红枣汤？”看到孩子们都很想尝一尝梨汤，我想何不让他们自己做一做、尝一尝这种保健汤呢？

“梨子红枣汤该怎么做？”“当然要有梨子和红枣了。”“我们这么多人要准备多少梨子和红枣？”“做梨子红枣汤需要准备些什么呢？”“我带梨子。”“我家有红枣，我带枣子吧！”

我和孩子们通过网络找到了梨子红枣汤的制作方法。之后，孩子们分工从家里带来了食材，有的带来了梨子，有的带来了红枣。大家清洗食材，烧煮梨汤，在生活坊忙得不亦乐乎。

品尝到美味梨汤的同时，孩子们又提出要与别班的小朋友和老师一起分享。他们在亲手做一做、尝一尝节气里的保健美食的过程中，切身体验到了自制美食的乐趣，对节气饮食和保健常识的了解也进一步加深。

习俗体验中感悟节气

有了品尝梨子红枣汤的经历，孩子们对霜降节气里好吃的食物的讨论还在不断升温。就这样，一场霜降节气美食品尝会又开始了。在这场品尝会上，孩子们带来了各种各样的柿子。

“这个柿子摸起来软软的，吃起来黏黏的。”“我吃的柿子是硬硬的，味道是甜甜的。”“我吃了个柿饼。”

“为什么柿饼有点儿黑?”“为什么圆圆的柿子变成扁扁的了?”“柿饼是没有皮的。”一下子，孩子们对柿饼产生了兴趣。

我想，是不是可以让孩子们动手做一做柿饼，留住秋天的味道呢？柿饼要怎么做？通过观看视频，我们初步了解了制作柿饼的步骤与方法，原来做柿饼需要刨、洗、挂、晒。孩子们跃跃欲试，开始分工了。

柿子皮有点儿硬，有的孩子说：“我的力气大，我可以刨，我在家帮奶奶刨过苹果。”于是，刨皮小分队成立了。接着，洗柿小分队也选出来了。“我来挂柿子。”最后，挂柿小分队通过自主报名也成立了。

在挂柿子的过程中，由于孩子们不会打结，柿子总是掉下来，我便加入其中，一起参与。孩子们专心致志地做着自己的任务。当大家一起把柿子挂起来晾晒时，他们看到自己的劳动成果，感到成就满满。“这个是我刨的皮。”“这是我挂的。”“我们什么时候可以吃柿饼……”

在制作柿饼的过程中，孩子们分工合作，解决制作柿饼时遇到的各种问题——如何将柿子刨干净？如何把柿子挂起来？下雨了，如何把晾晒的柿子搬进室内？当然，之后每天的观察与等待也是必不可少的环节。在孩子们品尝到自制柿饼的那一刻，相信他们收获的不仅仅只有美味的柿饼。

给爸爸妈妈的话

在霜降节气的主题活动中，我们带领孩子们慢慢走近二十四节气，让孩子们了解二十四节气与人们生活的关系。这一过程也离不开家长的参与。家长可以在配合幼儿园开展节气活动之外，在家中陪伴孩子一起走进更丰富的二十四节气生活。

❶ 了解节气的传统文化

有关二十四节气的传统文化很丰富，家长可以寻找合适的内容和孩子一起阅读，如阅读古诗词、节气谚语、有关节气的故事等。在幼儿园推荐的基础上，家长可以通过网络寻找相关内容，和孩子通过亲子共读的形式进一步了解节气和传统文化。如果是阅读古诗词，家长可以引导孩子反复诵读，并为孩子讲述古诗词的词句含义及其背后的故事。如果是阅读故事，如在大雪节气阅读故事《寒号鸟》，阅读后家长可以和孩子一起进行亲子表演。

❷ 寻找节气的习俗氛围

大自然是活教材，它蕴含了许多教育的价值与契机。二十四节气与季节变化息息相关，家长可以多陪孩子到大自然中去寻找节气带来的环境变化。如在霜降节气带孩子去赏菊，在寒露节气带孩子去登高，在春分节气带孩子去放风筝，在大自然中寻找节气带来的不同变化，在体验中感受不同的习俗。相信这样的陪伴与寻找能让父母和孩子不仅获得有关节气的知识，更能获得情感的交流和能力的提升。

❸ 留下节气的美好回忆

家长可以让孩子用画一画、写一写（前书写）、说一说等不同方式表达自己对节气的感受。如赏菊回来后，让孩子画一画美丽的菊花；放风筝回来后，让孩子说一说放风筝的过程与感受，然后和孩子一起将感受记录下来。通过这样的方式，孩子会更愿意用多种方式来表达自己的所见、所闻、所思、所想。

延伸练习

爸爸妈妈可以在日历上圈出一年中的二十四节气。在节气来临之前，和孩子了解一下有关节气的习俗、古诗等知识。在节气来临之时，和孩子聊一聊节气到来后有什么感受，与孩子一起走进节气生活，留下节气里的美好回忆。

（长兴县林城镇中心幼儿园供稿，胡婷婷执笔）

好玩的落叶

生活中的数学启蒙

如果一个孩子没有踩过落叶、没有摸过树皮，那就没有真正欣赏到大自然的美。在美丽的金秋十月，幼儿园开展了小班主题活动“秋天里”，小班的孩子尽情地享受秋天到来的快乐，享受秋天带来的别样风味。绚丽多彩的秋天里的一切都使孩子们感到新奇。“为什么秋天到了树叶黄了？”“为什么秋天里瓜果蔬菜都大丰收了呢？”“落叶都有什么形状？”“秋天里的宝贝有哪些？”孩子们的问题层出不穷。

一个秋日的午后，我带着孩子们在幼儿园里散步，他们欣喜地发现了一条落叶小路。冉冉的一句“为什么树叶小路是一片黄、一片红、一片黄、一片红的呢？”引来了孩子们的思考，于是一场动手、动脑探究秋日落叶的活动开始啦！

落叶捡一捡

腾腾、宁宁、溪溪3位小朋友时而追逐，时而伏地捡拾，时而头碰头嘀嘀咕咕地说着什么，宁宁大声地数着“1、2、3、5、8……”，腾腾和溪溪也跟着念“2、3、5、6、8……”。原来，他们在边捡落叶边数数。听着他们那稚嫩而零乱的数数声，我问：“你们是在数落叶吗？”他们点点头。宁宁说：“老师，这里的落叶真多啊，我们数了很多很多。”我说：“那你们有没有数对呢？”他们3个人你看看我，我看看你，犹豫地看着我。于是，我边捡落叶边大声地数着数儿：“1、2、3、4、5……”我用正确而响亮的数数声引导着他们。溪溪说：“老师，我们跟着你一起念吧！”孩子们的数数声不再零乱，而是变得逐渐有序了。这时，越来越多的孩子加入了我们数落叶的行列。

我给了孩子们几个小的塑料筐，“请你们边捡落叶边数数，数一数小箩筐里一共有几片落叶。”孩子们兴致勃勃。“1、2、3、4、5、6……哇！我捡到了许多许多树叶耶。”乐乐小朋友的一声欢呼，引来了不少孩子的关注。“我们要加油啦！我们也要捡得跟乐乐一样多！”洋洋说道。活动结束了，孩子们还恋恋不舍地不肯回去，他们意犹未尽地说：“老师，捡落叶真的太开心啦！明天我们还要来！”我笑着点头。

落叶分一分

回到教室，我说：“这么多的落叶，我们来看一看它们有什么不一样吧！”“老师，我这片树叶是黄色的。”“老师，我这片树叶是绿色的。”“我的树叶大，你的树叶小。”“咦，这片树叶上怎么有小洞洞呢？”孩子们发现了落叶的大小、颜色、形状不一样，这些发现让他们很兴奋。我提议：“那么请你们来分一分落叶吧！这些颜色不一样、大小不一样、形状不一样的落叶可以怎么来分呢？”

几个孩子自告奋勇地举手，开心地加入了分落叶的行列。不一会儿，妮妮将他们小组里的落叶按照黄色和绿色分成了两筐，而另一组的乐乐将落叶按照大小分成了两筐，宁宁则按照落叶的形状进行了分类。我问：“你们能不能分别来说一说是怎么分的？”妮妮说：“我将它们分成了黄色和绿色。”乐乐说：“我把它们分成了大的落叶和小的落叶。”宁宁说：“我分了扇子形状的落叶和爱心形状的落叶。”我赞许地点点头。

他们得到了我的肯定，欣喜极了！

落叶排排队

过了几天，一次“花儿朵朵”数学集体活动中，孩子们在练习给小花小草进行ABAB模式的排列。洋洋看到了我们放置在益智区的落叶和美工区墙面上展示的落叶，他灵机一动，说："老师，我们可以给落叶排排队。"我问："你有什么好的建议呢？"他拿了一筐落叶，说道："像我们排队做早操一样，小的落叶排在前面，大一点儿的排在后面，最大的排在最后。"其他小伙伴一听，顿时来了兴致。我问："那么谁想来试试看？"孩子们纷纷举手。不一会儿，他们都给落叶排出了从小到大和从大到小的队列。

给爸爸妈妈的话

大自然中的材料，比如秋天里的美丽落叶，隐含着数量、形状等数学教育内容。片片落叶让孩子爱不释手，孩子通过玩一玩落叶可以获得对数学的认知和数学能力的发展。

小班开始，孩子的计数能力逐渐发展，他们从自然数里的"1"开始，可以说出"1、2、3、4、5、6、7、8、9、10"。他们能够在记忆层面上计数1～10，但是由于记忆能力的不足，他们不能连贯、有序地念出自然数。此外，孩子在捡落叶时是一一对应着边捡边数的，这对于小班的孩子来说是有难度的。对孩子来说，捡落叶、数数是很好的提高计数能力的机会。

我们要善于利用身边的资源引导孩子学习。比如，帮孩子穿衣服的时候，我们可以问孩子："你有几只袜子？几只鞋子？"在进餐前，我们可以有意识地让孩子摆放餐具，并让孩子数一数桌上的餐盘和毛巾够不够，有几个人吃饭，需要几份餐具。这样的引导，可以让孩子在日常生活中熟练地念自然数、建立一一对应的数概念。

在日常生活中，孩子能不断接触到分类。故事中，我们可以看到孩子能根据属性来对物体进行匹配、分类，将物体分成不同的集合。3个孩子都能根据落叶的特征进行分类，但有少数孩子尚不能进行此操作。那么怎么引发孩子关注属性特征并进行分类呢？对小班的孩子而言，最简单的练习是匹配。我们可以和孩子玩“找朋友”的游戏，比如穿红色衣服的孩子要找到和自己穿一样颜色衣服的孩子并和他成为好朋友。在匹配的基础上，引发孩子进一步关注属性特征并进行分类。我们也可以和孩子玩“好朋友”的游戏，引导孩子根据直接观察到的人物的特性，比如头发、性别、是否戴眼镜等，进行占圈分类。匹配和分类是有区别的，我们应根据孩子的年龄特点循序渐进，让孩子先学匹配再尝试分类，然后再让孩子尝试二次分类。

对于已经积累了一定的数学模式经验的孩子，我们可以有意识地引导他们尝试ABAB模式排列。在落叶排一排活动中，孩子便有了将落叶从大到小排列或者从小到大排列的探究。显而易见，他们在按照大小依次排列时是非常熟练的，但这只是排排队，我们还可以在此过程中引发孩子更深入地思考，引导他们用其他的方法排一排，比如用“黄色落叶红色落叶黄色落叶红色落叶”的模式或者用“长树叶短树叶长树叶短树叶”的模式来排列。

其实，在日常生活中，家长可以利用身边的材料，比如乐高、雪花片、台阶、袜子等，引导孩子学习数数、配对和排序。将学习融入生活，把学习数学的方法贯穿在生活中，这才是提高孩子数学学习能力和思考能力的最好方法！

延伸练习

跟孩子一起逛公园的时候，可以有意识地引导孩子数一数台阶的数量、道路两边的树的数量等，和孩子一起关注周围的事物，培养孩子的数学能力。

（长兴县虹星桥镇中心幼儿园供稿，曹静执笔）

探秘银杏树

走进自然学数学

午餐后，我和孩子们惬意地漫步在幼儿园里的林荫小道上，不经意间，我们发现了一片金灿灿的树叶海洋，孩子们的兴趣点一下子投射到了这些光彩熠熠的大树上。原来这些是银杏树！这里有一棵，那里也有一棵。哇，幼儿园里有好多的银杏树啊！

回到教室后，孩子们围绕“幼儿园有几棵银杏树？”进行了猜测与讨论。有的孩子说有8棵，有的说有10棵，有的说有5棵。到底幼儿园里有几棵银杏树呢？我们该如何才能数清楚呢？哪一棵又是最大的呢？孩子们有很多疑惑。于是，我们来了一次探秘银杏树之旅。

我该怎么数

在与孩子们讨论怎样才能数清楚银杏树时，元宝提议：“老师，我们可以用石头来数，看到一棵银杏树就放一块石头。”瑶瑶说：“老师，我们可以做标记呀！给每一棵银杏树都写上序号，这样就能数清楚了呀！”糖糖也说：“老师，我也有好办法！我们可以插树枝，看到一棵银杏树就插一根树枝，然后再把树枝都拿回来数一数，就能知道一共有多少棵银杏树了！”孩子们各有各的想法。根据所表述的3种方法，他们自行分组并借助材料点数。但在这一次的数树过程中，还是出现了问题，他们数出来的总数不一致。借助石头的小组数出来一共有8棵银杏树，挂数字牌的小组数出来也有8棵银杏树，而插树枝的小组数出来却只有7棵银杏树。

到底有几棵

孩子们借助材料点数银杏树后出现了两个结果，原因是银杏树遍布幼儿园的各个角落，孩子们容易漏数。回到教室后，我们进行了再一次讨论——到底是7棵还是8棵呢？怎样数才不会漏数呢？孩子们想到了画路线图的方式，可以按照路线图一棵一棵地数，这样就不会漏数了！这确实是个不错的想法。孩子们开始设计路线图，然后按照路线图重新进行点数验证，之后还用自己的方式将验证的结果记录了下来。多米采用了一边数一边画圆圈的方法，小雨在看到一棵树时会在纸上画下树的样子并给它标上序号，糖糖则采用了写数字的方法。最后，通过验证，孩子们得知幼儿园里一共有8棵银杏树，其中小菜园里有3棵，沙池旁边有1棵，小舞台的台阶上有2棵，靠近大厅的门那儿也有2棵。

谁是“银杏王”

孩子们数清楚了幼儿园里有8棵银杏树后，都想知道哪一棵是“银杏王”。豪宝提议：“我们一起给它们量一量吧，看看谁是最粗的！”孩子们纷纷表示同意，然后在教室里挑选了扭扭棒、卷尺、毛线这3种材料来测量银杏树。孩子们分组进行测量，但测量结果出现了不同。用扭扭棒和卷尺测量的小组量出来的“银杏王”是1号树，而用毛线测量的小组却认为6号树才是“银杏王”。

为什么会不同呢？“银杏王”不是应该只有

一个吗？我把问题抛给孩子们，请他们想一想自己在测量时用的方法是否正确。通过集中讨论，孩子们得知导致出现两棵“银杏王”的原因主要有两个，一是测量银杏树时所测的位置不同，有的在树的根部测量，有的在树的偏上方测量，没有在同一高度测量就导致了数据不一致；二是在用扭扭棒和毛线测量时将测量工具重叠起来了，没有将其首尾连接。我帮助孩子们梳理了正确的测量方法后，他们进行了第二次测量，这次的测量结果显示：沙池边上的1号树是幼儿园里最粗的树，是“银杏王”。

给爸爸妈妈的话

这一次探秘银杏树的活动，其实是一次偶然的数学学习机会。在与孩子们一起散步时，他们发现幼儿园里有很多银杏树，但他们又数不清，从而发生了下面“到底有几棵”和“谁是‘银杏王’”这两个故事。

8以内的点数对于中班的孩子来说难度是不大的，但是点数分布在幼儿园角角落落的8棵银杏树，对孩子们来说确实有些难度，因为这关系到孩子们的空间方位能力。即使孩子们想到了借助材料来点数的方法，但漏数的现象还是出现了。当孩子们遇到难题时，老师没有急于去帮忙解决或者让孩子们就此放弃，而是让他们再来想想办法。孩子们想到了解决办法——绘制路线图。他们将一棵棵银杏树的位置记录在了纸上，形成了一张路线图，这可以帮助他们明确银杏树的位置以及寻找银杏树的路线。

在评“银杏王”的过程中，孩子们学会了利用生活中的自然物作为量具来测量物体的粗细。家长在平时也可以让孩子用生活中的材料进行测量，比如用筷子来测量两把不同的椅子的高度，然后记录下来分别用了几根筷子。此外，孩子们也初步学习了正确的测量方法。当第一次测量后出现两棵“银杏王”时，老师与孩子们一起讨论、梳理，寻找原因，并得出经验，即测量的高度要一致、测量工具不能重叠。找准原因后，孩子们再一次测量，并评出了“银杏王”。

在这次充满乐趣的学习中，孩子们不再局限于课堂之中，而是走进了奇妙的大自然，来了一次关于银杏树的探秘之旅。活动中，孩子们在不断发现、解决问题的过程中主动与环境互动并建构数学经验，这有利于他们举一反三地解决生活中的实际问题。

延伸练习

生活中的数学无处不在，除了类似故事中的点数和测量这两个知识点外，生活中还有很多的数学知识。家长平时可以引导孩子观察斑马线、地砖等有怎样的排列规律，让孩子算一算去超市买什么东西能把10块钱正好用完，请孩子数一数家里来了客人后要用几双筷子等，将孩子的学习融入生活，让孩子在生活中学数学。

（长兴县龙山街道中心幼儿园供稿，施燕峰、王梦雨执笔）

测一测，量一量

在讨论中梳理经验

午餐后散步时，我带着孩子们来到了他们最喜欢的小树林。这里有两棵又高又粗的大树，孩子们便在树下乘凉、聊天。几个孩子围着大树一边转，一边讨论。“你看，这棵树好大呀！”多多表示不同意：“不，这棵比较大！”果果反驳道：“当然是这棵大！看，它有这么粗。”多多噘着嘴，指着身边的树抗议着：“哼！明明就是它比较粗。”“要不，我们量一量？”果果提议。“可是，没有尺子啊！”

是的，教室里确实没有为孩子们准备的量尺，因为根据教学计划，有关测量的课程内容被安排在1个月以后。既然孩子们提出了测量的想法，为什么不让他们试一试呢？

测量的结果怎么看

我为孩子们联系了保安叔叔，让他给我们送来了两把卷尺。乐乐、果果和多多3个人开始用卷尺测量大树的腰围。果果拿着卷尺一端，乐乐拿着另一端，两人开始将卷尺贴着树干绕起来。到交汇处时，果果将卷尺的顶端与乐乐手中的末端对齐。

多多见状，说道：“再拉，再拉呀。”他的意思是，测量时不能将卷尺两头对齐，而是要将其中一头拉开。两个孩子将卷尺拉直，全部绕在树干上。乐乐看着卷尺的末端，喊道：“45！”果果不同意，反驳道：“不对，这里有两条，看下面的一条，下面的算。”

我理解孩子们的意思，但是大班的孩子在表达自己的观点时已经可以向他人说清理由，而且测量物体时应该看哪个点是非常重要的一项内容，孩子们应该清楚测量的科学性，于是我追问：“为什么下面的这条才能算呢？”果果说：“因为这里才是量出来的点。”他说得很有道理，但是他还没有把自己的观点梳理清楚。我接着追问：“这里有两圈，有两个点，为什么你认为下面这一圈的这个点才是正确的呢？”果果说：“因为要从数字小的这里开始算。”他指着卷尺上标有“1”的那头，继续补充道：“你看，这个是1，数字最小，表示这里是起点。就像我们数数一样，都是从最小的开始往大的数。”这次，他说得很清楚，还举了例子来证明自己的观点。我肯定地向果果竖起了大拇指。

孩子们放开卷尺开始重新测量，这一次，他们从头开始绕树干。当卷尺重叠在一起时，他们捏住交叉点的附近，稍稍用力将卷尺拉直。多多看着上面的数字说：“29。”

测量的起点在哪里

一一拿了另一把卷尺，请多多一起测量。她拿着卷尺起点的一端开始绕树干，边绕边说：“拉直，不要拉太紧。”多多拿着卷尺的收缩盒慢慢放，直到一一手中的卷尺绕过来，他接过卷尺的一端，离重合还差一点点距离。一一说：“再拉一下。”多多轻轻放了一点儿，在确认好后，他蹲下来看重叠交叉点。一一也凑近观察，在看了看交叉点上的数字后，她说：“27。”

孩子们使用了两把卷尺进行测量，两次测量的结果却不一样，是什么原因呢？我问道：“为什么刚才的结果是29呢？”一一说：“因为长度不一样。”说完她皱了皱眉头。一旁的多多很有主意，他请一一帮忙拿住卷尺，自己则走到另一边，捡起第一把卷尺说：“我重新量一下。”一一提醒道：“那把跟这把差不多。”多多没有理会，而是拿着手中的卷尺和一一手中的卷尺放在一起进行比对。“这里少了一个0。”两把卷尺的不同之处在于第一把卷尺上没有标注刻度“0”，而第二把卷尺上标注了刻度“0”。孩子们虽然找到了不同点，但是并没有真正理解造成测量结果有差异的原因在于：使用第一把卷尺时，他们是从刻度“1”开始量的，而使用第二把卷尺时，他们是从刻度“0”开始量的。要让孩子们搞明白这一点，必须经过再一次测量，这样他们才能发现问题，于是我鼓励孩子们再量一量。

多多仔细观察了卷尺，找到了刻度“0”，然后开始围着树干绕一圈。他看了看卷尺，说：“是28。”接着，他让一一按住卷尺，自己又拿出另一把卷尺，将没有标注“0”的一端对准第一根卷尺上“0”的刻度，开始绕着大树走。一一提醒道：“你要轻点儿绕，不然的话我力气非常小，会用完很多力气。”多多的第二根卷尺已经绕好，他看了看，说道：“28，两根都是28。”“为什么现在测出来的结果是一样的呢？”我问孩子们。“这个应该贴到‘0’上，因为它没有数字‘0’。”一一说。“对！刚才我们是从‘1’开始量的，其实应该从最前面开始。”多多仔细看了看卷尺说道。

给爸爸妈妈的话

卷尺是一种标准测量工具，而故事中的孩子们还没有使用标准测量工具的经验。对他们而言，开展测量活动是一件并不容易的事情，这对他们来说是一种考验。首先，他们不清楚如何正确使用卷尺；其次，测量呈圆柱状的树干时需要将卷尺拉直才能量得更准确；最后，不同的测量工具起点上标注的刻度也有不同，有些在起点处标了数字“0”，而有些在起点处并没有标注。但是，我们可以借助这样的机会，让孩子们从实际问题中获得学习经验。

故事的开始，孩子们对如何测量并不清楚，他们认为将卷尺的两端对齐或者把卷尺全部绕在树干上就能得出测量结果。我通过追问，帮助孩子们梳理：测量应该有起点，读取数据时要从起点开始。随着测量活动的推进，我们看到故事中出现了两把卷尺，一把卷尺的起点没有标注“0”的刻度，另一把卷尺的起点则标有“0”的刻度。当孩子们使用两把卷尺进行测量时，就会产生不一样的结果。通过讨论和梳理，孩子们明白了：测量时起点要一致，卷尺的最顶端就是起点，如果测量时起点不同，会对测量结果造成影响。当然，在这个故事中，孩子们还有很多其他发现，例如测量时使用的卷尺需要拉直才能保证数据的准确性，测量工具正反两面的计量单位各不相同。

孩子们通过实际操作、讨论和梳理，获得了有关标准测量工具以及计量单位等的初步认知，关注到了测量工具本身的秘密，也了解并掌握了正确的测量方法，这为孩子们后期有关测量的学习奠定了基础。爸爸妈妈可以继续追随孩子的兴趣并持续推进，通过投放不同的材料，引导孩子开展比较性的测量活动，和孩子共同收集卷尺、直尺等并开展有关测量工具的探秘活动，让孩子在真实的生活情境中去实践。同时，爸爸妈妈可以通过提问、追问的方式，和孩子共同梳理遇到的问题，鼓励孩子说说背后的原因，让孩子在实际操作中积累更多有关测量的知识和经验。

延伸练习

脚步可以作为一种测量工具或者单位。家长可以和孩子在家或者户外玩一玩“跨大步”的体育游戏，一起体验每个人脚步的大小差异，一起步测篮球场的长与宽，以及小区门口到家的距离等。此外，生活中的一些材料，如吸管、火柴棒、杯子、笔、碗、绳子等都可以成为测量工具，家长可借助不同的测量工具引导孩子观察和发现测量单位的多样性，以及测量结果的不同。

（长兴县中心幼儿园供稿，朱惠敏执笔）

拯救小海星

增高的办法有哪些

熙熙带来了一个特别的小海星，这个小海星能粘在各个地方。可不一会儿，求助信号来了。熙熙气呼呼地跑过来对我说：“闹闹把我的小海星甩到了天花板上，这下我们都拿不到了，怎么办啊？”

我一看，闹闹、诺诺等一群小家伙都仰着头看着天花板上的小海星。

“这可是你们自己甩上去的，你们得自己想办法弄下来哦。”

增高的办法 1：增加垫底物

孩子们见我没马上帮助他们，便开始想办法拯救小海星。

闹闹着急地一边伸直手一边向上跳，“太高了，我够不着！”“那有没有办法可以让自己变高呢？”我提示他。

熙熙找来了自己平时坐的小椅子，想借助小椅子来增加自身的高度。她站了上去，伸直手往上一够。“差太远了，这椅子太低了。”她自言自语。

“老师上课坐的椅子是不是更高一点儿？我们可以用老师的椅子！”一旁的闹闹建议。

于是，他们又将教师椅搬了过来，和自己的椅子放在一起。一比较，闹闹骄傲地说：“看，我说的没错吧，老师的椅子高一点儿！”接着，熙熙换上教师椅并站了上去。

可是，虽然增加了垫底物的高度，但孩子们距离小海星还是很远。怎么办呢？

增高的办法2：延长手持物

在看到孩子们用比一比的方法选择了更高的垫底物却依然拯救不了小海星后，我问孩子们："可不可以借助教室里的一些工具来拯救小海星呢?"

于是，一旁的诺诺开始在储物室里走来走去，似乎在寻找什么东西。突然，他发现了鸡毛掸子，激动地说："你们看，我们可以用上这个。站在老师的椅子上，一定能把小海星打下来!"

说干就干，闹闹自告奋勇地站了上去，手拿鸡毛掸子使劲儿往上够，可就差一点儿。他奋力向上跳，但还是不行。熙熙自告奋勇来试，但闹闹立刻摇头了，"你都没我高，肯定打不到。"熙熙不信，拉着闹闹开始比身高。只见他们面对面站着，紧贴着对方，闹闹用手从自己头顶划过熙熙的头顶，说："你看，到你头顶就空了，我比你高这么一点儿。"他一边说一边比画着。熙熙摊了摊手，失望地说："那没办法了，你高你也拿不下来。"

经过一次次的失败，孩子们都没了刚开始的热情。

增高的办法3：选合适的人

在一旁的我轻轻地鼓励道："闹闹差一点点就成功啦，那有没有比闹闹更高的孩子?"

"我去找彤彤吧，彤彤可是我们班最高的女生!"熙熙建议。

于是，孩子们又把彤彤拉来帮忙。

可是，就算是最高的孩子站在教师椅上手拿着鸡毛掸子，也还是没能把小海星从天花板上拯救下来。

增高的办法4：改变手持物

不过，这次孩子们并没有放弃，他们开始满教室地寻找比鸡毛掸子更长的工具。“有没有更长一点儿的工具呢？”我一边比画一边暗示孩子们。很快，他们找来了平时保育老师擦玻璃用的长杆。

只见彤彤站在椅子上奋力踮起脚尖，目光对准小海星，用长杆往上一够。终于，小海星从天花板上掉了下来！孩子们激动极了，迫不及待地要看一看、摸一摸被拯救下来的小海星……

给爸爸妈妈的话

我们可以看到孩子们拯救小海星的行动并不顺利，他们经历了一次又一次的失败。在整个过程中，老师都是在孩子们的热情冷却时，以直接启发孩子们思考的提问方式，引导他们根据自己的生活经验，借助物体来增加高度的，如搬来平时坐的椅子以及老师的椅子，找来鸡毛掸子、长杆等工具，以此缩短自身与小海星之间的距离。孩子们能通过比较实物来寻找拯救小海星的最佳办法，在遇到身高分歧时，也会用比一比的方式解决问题。

从改变垫底物（选择了更高、更安全的教师椅），到负责打下小海星的人员变动（从较矮的熙熙换成高一点儿的闹闹，最后换成最高的彤彤），再到选择更长一些的工具来拯救小海星，整个过程也证明了在老师的合理引导下，大班的孩子有解决问题的能力。在这个过程中，他们会去思考、会用自己的行动去证实自己的想法，并从中收获自己解决问题后的成功感。

日常生活中，家长在让儿童进行量的比较时，选择合适的物品很重要。首先应只突出某种量的比较，以便于儿童正确判断和区分。例如，比高矮时，将被比较的物体尽可能放置于同一水平面上；既可以用重叠法比较，也可以用并放法比较。

由于儿童对量的比较是通过两个（或者以上）不同物体的比较来进行的，因此若是要通过物体的比较帮助儿童体会量的相对性，在活动设计中就要先让儿童确定是哪两个或者哪几个物体比，以及比什么。对于年龄较小的儿童来说，认识量的相对性往往是有一定困难的，这就需要成人有步骤地启发和引导。成人可以通过3个不同物体的比较帮助儿童认识量的相对性。例如，故事中闹闹比熙熙高，但是比彤彤矮。

同样，对于传递性的理解，家长可引导儿童在两两比较的基础上进行合理的逻辑推断。如故事中闹闹差一点儿就成功了，那有没有比闹闹更高的孩子呢？家长应通过类似的问题情境和儿童熟悉的生活情境，有步骤地帮助儿童进行有序比较和逻辑推断。

延伸练习

家长可以利用生活中的数学契机培养孩子的数学能力。比如外出游玩时，可以有意识地引导孩子观察、比较高矮不同的楼房；当孩子的玩具掉到沙发下时，不妨引导孩子借助工具取得深处的玩具。

（长兴县机关幼儿园供稿，魏赟执笔）

最后3个我来搭

感知数学中的递减模式

近期，我班孩子热衷于建构游戏——搭建舞台背景。他们想搭建一个尖顶的舞台背景用于舞台表演。皓皓选择了许多奶粉罐，通过不断向上垒高的方式搭建了一个简易的背景。尧尧说：“这个背景看上去太乱了，一点儿也不尖呀，我要搭一个尖尖的顶。”

那怎样才能搭一个尖顶的舞台背景呢？我鼓励孩子们自主搭建。在搭建的过程中，孩子们不断地有了新的发现与思考。

捕捉学习的契机

乐乐、尧尧用奶粉罐搭建尖顶舞台背景。当用数量递减的奶粉罐垒高到第六层时，他们没有用奶粉罐继续垒高最后两层。乐乐将三角积木和圆柱积木组合了起来放置在奶粉罐上作为舞台的尖顶，完成了舞台背景的搭建。

在孩子们的游戏行为中，我捕捉到了一个递减模式的学习契机。游戏结束后，我组织了分享活动，播放了孩子们搭建舞台背景的视频，还通过提问引导孩子们寻找奶粉罐舞台背景中的递减模式。我问：“奶粉罐背景一共有几层？哪层是第一层？”乐乐说：“奶粉罐背景搭了6层，从地面开始搭的，最下面的是第一层。”我接着问：“奶粉罐背景的上一层和下一层之间藏着什么秘密？”涵涵说：“下面一层的奶粉罐多，上面的越来越少了。”我追问：“每一层和下面的比少了几个？”舟舟回答：“每一层少了1个。”乐乐说：“我发现每一层都少了1个奶粉罐。”

从孩子们的回应中，能看出来他们已经发现了从下往上数一层比一层少

1个奶粉罐的规律。这种排列是一种递减模式，孩子们对此已经有了初步的感知。

根据关键性语言适时提问

点点、乐乐再次用奶粉罐搭建舞台背景。点点先点数了第一层奶粉罐的个数，一共9个，再依次递减奶粉罐数量进行垒高搭建。当第七层搭建好后，乐乐对点点说："最后3个我来搭。"游戏结束时，他们共搭了9层高的舞台背景。这一次，他们的搭建速度相比于第一次又快了很多。

游戏结束后，我继续组织分享活动，并出示了乐乐搭建舞台的视频。我想帮孩子们梳理刚刚获得的经验，于是问乐乐："乐乐，你怎么知道最后还有3个奶粉罐？"乐乐说："3个的上面要放2个的，2个的上面要放1个的，2个加1个是3个。"

乐乐能快速推理出每层的奶粉罐个数，并用语言表征自己对递减模式的理解，看来她已经理解了递减模式的规律。

完善记录方式

我继续追问："如果要搭10层高的背景，需要多少奶粉罐呢？"乐乐说："用很多奶粉罐，就可以搭很高很高的背景。"点点说："画下来，然后数一数，就知道要几个了。"点点和乐乐开始在白纸上用图形记录，他们密密麻麻地画了好多好多图形，终于画出了歪歪扭扭的10层背景的平面图。

但在点数时，新的问题出现了，孩子们发现同伴的记录纸画得有点儿乱，大家都点数不清了。

经过讨论，我们共同设计了用格子划分每层空间的、规整的记录纸。在新的记录纸上，乐乐和点点用图形、数字等不同的表征方式将每层需要的奶粉罐个数表征了出来。乐乐说："我来数一数就知道要用几个了，1、2、3、4、5……53、54、55，一共要用55个奶粉罐。"点点和乐乐拿着奶粉罐背景记录纸再次进入建构区，开始搭建10层高的舞台背景。

验证预测的结果

点点和乐乐一边看着记录纸一边搭建，最终用依次递减垒高的方式搭建了10层奶粉罐尖顶背景墙。乐乐说："我再来数一下。"然后她开始点数奶粉罐个数。"1、2、3……55，一共有55个奶粉罐，真的是55个，成功啦！"

经过预测、搭建、验证这一过程，孩子们进一步理解了递减模式，他们用实物表征递减模式的速度也越来越快。

迁移运用已有的经验

这次游戏结束后，我在分享环节中提问："除了可以搭建奶粉罐尖顶舞台背景之外，用递减模式还可以做什么呢？"

在深入理解了递减模式的排列规律后，孩子们将递减模式的经验进行了迁移与运用。自主游戏时，乐乐和点点在益智区用万能点搭建了金字塔。通过运用依次递减垒高这一模式，孩子们搭建了11层的万能点金字塔。还有孩子感受到了可以用不同的材料来表征同一种模式，于是运用纸杯、积木等不同材料搭建了各种各样的递减模式作品。

给爸爸妈妈的话

数学是用来解决生活中的实际问题的。在孩子们的一日生活中，模式无处不在。例如在孩子们搭建奶粉罐背景时，就出现了递减模式。捕捉到了孩子们游戏中递减模式的学习契机后，作为成人的我们又该如何及时引导孩子们深入理解和学习呢?

首先要充分观察、理解孩子现有的游戏与认知水平。例如故事中我充分观察了孩子们的游戏过程，知道孩子们已经积累了有关重复模式的一些前期经验且希望搭建一个尖顶舞台。他们对这一想法充满兴趣，这也表明他们具备了自主探究的内在驱动力。

其次要了解孩子认知的发展特点和规律，做到心中有数，能在适当的时机合理助推。家长可以阅读与孩子学习与发展相关的专业书籍。我在精读了《学前儿童数学学习与发展核心经验》《3—6岁儿童学习与发展指南》这两本专业书籍后，知道了5.5～6.5岁是孩子模式认知的快速发展期，于是在孩子们搭建尖顶舞台背景的过程中，我捕捉到了孩子们进行模式学习的契机。

关于有效助推孩子学习与发展的策略，故事中大致使用了3个：

❶ 分享

分享是孩子梳理经验、发现问题的重要途径。通过分享，孩子们的思维轨迹更清晰了，他们对递减模式有了进一步认识，知道了只要底层的基数足够大，舞台就可以搭得无限高。同时，孩子们也感受到了可以用不同的材料来表征同一种模式。孩子们的内在驱动力被激发，递减模式的经验在同伴之间传递着、累积着。

❷ 提问

孩子的游戏经验具有模糊性和偶发性。成人应通过关键性的提问，有效助推孩子对于模式的认知。提问可以帮助孩子提取已有经验（你怎么知道最后还有3个奶粉罐?），引发孩子的认知冲突（如果要搭10层高的背景，可以怎么放奶粉罐呢？需要几个奶粉罐?），从而让孩子预测并建构新经验。待孩子完成10层奶粉罐尖顶背景后，再次鼓励孩子发散思维，让孩子迁移运用递减模式（还可以用递减模式做什么呢?），真正将递减模式的学习内化。

❸ 表征

游戏中，可以鼓励孩子运用不同的方式（如语言、实物、符号、数字等）来表征递减模式。孩子理解了可以用不同方式来表征同一模式后，他们的表征能力也得到了提升。还可以鼓励孩子运用不同的材料（如奶粉罐、万能点、积木、纸杯等）来表征递减模式，进而让孩子直观感知递减模式的框架。

在真需要、真体验、真操作中，孩子不断积累模式搭建的真经验，同时运用模式经验解决舞台背景的实际问题，用数学思维来为生活更好地服务。孩子的模式认知能力不断提高，学习能力不断提高，抽象思维不断发展。

延伸练习

爸爸妈妈可以引导孩子观察生活中与模式有关的事物，比如排列整齐的书本、电影院的座位号等，通过有效提问启发孩子感知、理解模式。爸爸妈妈要从孩子的生活经验切入，敏锐捕捉生活中的数学学习契机。

（长兴县回龙山幼儿园供稿，周昕宇执笔）

芒草高矮比一比

从自然测量到标准测量

每天餐后散步时，我经常会和孩子们去逛逛农庄、果园。经过农庄的路上有一大片芒草，它们在风中摇曳着，吸引了孩子们的注意。

“这个草好高啊！”淏淏仰头说道。

“你看！它比我还要高。”小博走到芒草旁边，边说边把手放在头顶，然后以尽量保持平衡的方式在头顶和芒草之间来回触碰，以证明他说的是真的。

其他孩子见状，纷纷跑到芒草堆里去跟芒草比高矮。

比一比谁的芒草高

当孩子们兴致勃勃地跟芒草比着高矮的时候，婉瑜突然说：“小雅，你看，我的芒草有这么高。”婉瑜举着那根长长的芒草向伙伴“炫耀”。她这一声呼喊可吸引了其他孩子的注意。

“我看看，”小雅迫不及待地跑了过来，“我的更高。”她举起手中的芒草，举得高高的，还踮起脚尖，试图和婉瑜一争高下。

“你们这样比不对，”小雨跑过来说道，“这两个要放在地上比才行。”她边说边帮忙把两根芒草的根部一起放在地上，对对齐。

“这样不行，我的这里都断了。”小雅说。她觉得自己的芒草折了一点儿，这样比不公平。“我的也断了啊，你扶着不就好了。”婉瑜说。“断的地方太高了，我扶不到。”小雅又说。“那就放地上，躺着比。”程程提议。

孩子们把芒草放在了地上，小雨又将芒草的根部都对对齐，柔柔为了保证在比的过程中芒草不会跑来跑去，还将对齐的根部用手指按住，以保证比赛的公平性。

“我的芒草是最高的！耶！”婉瑜开心地向好朋友分享结果。“我的肯定比你的高，我们来比一比。”淏淏不服气地说道。站在一旁的小雅说：“淏淏，你的都没我的高，怎么还会比婉瑜的高？”

我很好奇地问：“你为什么会这样说呢？”“因为我跟他比过了，他的都没我的高，婉瑜的又比我的高，他的肯定不会高的。”

最后，我们进行了验证，果真如此。那怎样知道芒草有多高呢？孩子们又开始了探索……

量一量芒草有多高

小雨踮起脚，边伸出手在空中比画着边说：“这么高，跟老师一样高。”但是站在一旁的程程说：“这样比会变的。”我问：“那用什么方式比才不会变呢？”婉瑜想了想说：“可以用手指量，一拃一拃地量。”淏淏说：“还可以用双手量。”小雨说：“用绳子吧！”我问大家：“你们要不要拿手指、手、绳子来试试看？”

婉瑜蹲下来把芒草横放在地上，张开右手大拇指和中指到最大长度（这是每个人的一拃长度），将中指点在芒草的根部位置上，然后用左手的食指点在右手大拇指的位置上，以此来标志每一拃的结束位置，接着又将右手中指点牢在左手食指的位置上，接连下去测量。

“1、2、3……”她边测量边数数。其他小朋友见状，也纷纷比画起来。“一共18拃。”小雨说道。“我的有22拃。”婉瑜量好了。

因为每个人的手大小不一样，即使是同样的长度，测量出来的拃数也可能会不一样。后续孩子们还尝试了一庹（双手张开的最大长度为一庹）、一步（双脚跨步的最大长度为一步）的测量方法。

找一找还有什么测量方法

根据孩子们的测量结果，我提出一个问题：“如果别人问我们这根芒草有多高，我们告诉他有22拃或者18拃，他能明白吗？”“好像会搞糊涂，答案都不一样。”哲哲说。“那我们还有什么办法呢？”“可以用尺子量！”小雅给出了好办法。

他们从保安叔叔那里拿来了卷尺，然后打开卷尺跟芒草进行了比较。长度是够了，但他们发现自己不会用卷尺，只看得懂上面的一些数字。柔柔问：“这个中间有很多一条一条的黑线，黑线是什么意思？”小雨说：“这个是10、20、30、40……后面的看不懂。”我指了数字“120”，问他们认识吗。月月说：“我看到一个1，一个2，一个0，其他的我不会。”大家都对着我摇起了头，“老师，我们不会，你帮帮我们。”

看到孩子们有想要认识并使用卷尺进行测量的兴趣，我便跟随孩子们的兴趣进行了指导，开展了一节“认识卷尺”的集中教学活动，解决了孩子们提出的卷尺横线的意义、卷尺的读法、卷尺的使用方向等问题。孩子们在了解了卷尺的使用方法后，对芒草进行了测量，最终测量得出：最高的芒草高124厘米。

给爸爸妈妈的话

在这个故事中，我们看到孩子们已经能用“更高”这样的语言表达他们对数学语言的理解。在测量芒草高度的探索学习中，从一开始的自然测量到后来的标准测量，孩子们经过不断尝试，先学会了表达“芒草的高度是X拃”，之后开始将长度这个连续的量用单位的概念进行表示，进而对单位概念有了更清晰的认识。后续通过卷尺的学习，孩子们测量出标准数据为124厘米。孩子们不仅能够比较不同的芒草的高度，还能对芒草的高度进行测量。

其实孩子们需要更多的空间来自我研究。当孩子们在研究和探索的过程中发现有问题了，他们往往会自己寻找方法解决。故事中，孩子们在探索芒草的高矮时，不断地发生观点的争论、碰撞，也不断地尝试寻找答案。这时候，我们成人就应该退后一步，给孩子们创造一个自由的环境，同时给予孩子们足够的支持。在物质上，为他们提供需要的工具、材料；在心理上，鼓励他们无论对错、成功与否，都要勇于尝试。在这样的过程中，他们会收获探索的乐趣、成功的喜悦和良好的学习品质。

爸爸妈妈们，其实学习数学不能靠枯燥、单一的知识灌输，而是要借助日常生活中的经验。我们除了可以充分利用日常材料、开展随机游戏、捕捉日常活动契机等，还可以尝试利用更多隐含在生活中的数学内容引导孩子探索与学习，并进一步支持孩子自主发现，通过最大限度地满足孩子的需要，体现对儿童发展的“真”支持。

延伸练习

爸爸妈妈可以利用生活中的各种契机培养孩子的数学学习能力。如果孩子表现出想要了解某些事物的高度、长度的兴趣，爸爸妈妈不妨先和孩子一起试一试故事中的测量方法，然后再探索一下其他的测量方法。

（长兴县吴山幼儿园供稿，章玲玲、唐芳执笔）

小莲童停车场改造记

体会数学的有趣和有用

小莲童停车场骑行游戏一直是孩子们感兴趣的游戏，在近期几次骑行游戏结束后，停车场里发生了有趣的对话。“车位也太多了，一个一个找起来好慢啊！”“我妈妈在东鱼坊找车子的时候，是先找在哪个区，然后再看地上的数字的。”“我们的车有一人骑、两人骑、三人骑的，我们给它们分开停。”“对啊，这样找车位就快多了。”

孩子们在游戏中遇到了找车位慢、停车慢的问题，然后链接了自己的生活经验并萌发了划分停车场的活动意愿。既然这样，那就让孩子们来划分停车场吧，相信在划分停车场的过程中他们会获得很多学习数学的机会，也能体会到数学的有用。

怎样划分能使车位的大小更合理

孩子们先将所有的车子按照“几人骑”的标准进行分类，然后按类摆放好车子，并通过目测小车四周来画车位线。但是画好后，他们发现有的车位很小，有的车位很大，一点儿都不整齐、美观。那怎样划分能使车位的大小更合理呢？我引导孩子们再次尝试，用数学解决车位大小不均匀这个问题。

具备初步的测量意识

孩子们先针对这个问题展开了讨论。涛宝说：“我们要把一个车子需要多少位置测量出来，然后让所有的车位都变成这样的大小就可以了。”“那我们要测量停车场里的所有车吗？有没有快一点儿的方法？”我问道。

最终经过激烈的讨论，大家决定测量每一种车型里最大的那辆车，这样就算是小一点儿的车子也都可以停进车位里。可是我们用什么工具来测量车位的大小呢？涛宝很激动地站起来说："老师，我上次是将一块块的木头积木排成直线后画的车位线，我们可以用它们来排一排，确定车位的大小。"涛宝的提议得到了大家的一致肯定。

尝试初步的自然测量

说干就干，涛宝、小果、琪琪等首先从两人骑的车型中搬取了一辆最大的车。大家合力将小车沿着两人骑车型区域内的右侧线停好。小果先沿着右侧线用1块大积木和3块小积木横向首尾相连摆放，测出车位的大小。隔开一段距离后，小果对琪琪说："你给我4块积木。"琪琪将4块小积木递给小果，小果继续横向首尾相连地铺开。琪琪反复看着已经铺好的两组积木，说道："不对啊，前面有一块积木大一点儿，那个车位也大一点儿。"

于是，我引导孩子们仔细观察测量工具——积木的特点。小果拿着小积木与大积木比对。"哎，两个积木不一样大。"说完，小果便将大积木换成了小积木。最后，小果和琪琪两人合作，一起用相同大小的5块积木作为一组，在黄色区域内铺开。

在这个过程中，通过我的引导，孩子们发现了运用大小不同的计量单位（大积木和小积木）进行测量时，测量出来的结果是不同的，也知道了测量时必须保证所运用的单位是均等的，且不间断、没有重叠。

怎样划分能使车位的大小和数量都适宜

琪琪和小果以5块积木为一组在两人骑车型的黄色区域内铺积木。铺好后，琪琪一边数着车位数一边记录，她发现这样铺的话在黄色区域内划出来的车位太少了，根本不够停。

我问道："所有的车都有'以5块积木为一组'那么大吗？车位是不是还可以再小点儿？"

"那我们试一试吧。"她们听了我的建议后，以4块积木为一组从头开始依序铺开。两人铺好后，开始计数车位数量。"哎，车位变小了，车位数量变多了，但还是不够，那我们再把车位变小吧！"

于是两人再一次合作，将每组积木数量调整为3块，先从头开始依序铺好，然后再一次计数。但是这一次她们发现车位总数多了。两人喊着："哎呀，多了，还是不行啊，这可怎么办呀！"

在孩子们陷入困局时，我提议："我们先把车停进去，看看是不是都能停得下。"大家合作将车子停进以3块积木为一组划分好的车位里，所有的车子都大小正好合适，只有两辆大车子停不进去。"不行，我们刚测过了，它需要5块积木。"小果说。"那就给它5块积木的车位吧！"琪琪说道。两人达成了共识，重新以5块积木为一组给两辆大车子划分了车位。

通过以"5块积木为一组"和以"3块积木为一组"两种车位的结合，小果、琪琪、涛宝终于实现让所有的车子都停了进去，也让划分的车位大小更加适宜了。

给爸爸妈妈的话

在这个因停车太慢衍生出来的《小莲童停车场改造记》中，我给予了孩子们足够的时间和空间去思考、去探索如何改造。在这个过程中，孩子们主动发现了车位大小不合理的问题，萌发了测量的意愿。在测量活动中，不管是测量的对象，还是使用的测量工具，都与孩子们的生活需要和经验相关。在孩子们感兴趣的情境中引导他们学习测量的技能，能帮助他们从模糊、不正确的游戏性测量慢慢走向较清晰的自然测量。

在掌握了自然测量的基础上，孩子们通过3次操作和我的引导初步感知了每组积木数量、车位大小、车位数量这3者之间的变化关系。即每组积木数量与车位大小这两者之间是正向关系，而固定场地内的车位大小和车位数量这两者是反向关系。这是较为抽象的函数关系。孩子们在经过以不同计量单位进行的测量和以不同测量结果进行的多次计数后，有了更加深入的思考。

整个活动中，孩子们始终在真实的生活情境中学习和运用数学，也充分地感知了数学的有趣和有用。

作为家长，如果希望孩子学好数学，那么首先就要启发孩子对数学的兴趣，给孩子建立对数学的认知，把数学与我们的生活联系起来，让孩子去感知、去发现原来生活中常常需要用到数学。孩子若是抽象地进行数学学习，那么对数学知识的理解是比较肤浅的。如果家长能帮助孩子把学到的知识迁移应用到生活中，那么孩子得到的数学知识和经验必然更为深刻和丰富。平时，我们可以带着孩子去超市购物，让孩子从查找商品的过程中感知物品的分类和排序，让孩子从观察各种商品的价格编码中感知生活中的货币关系。在认识价格的基础上，我们也可以给孩子一定额度的钱，让孩子自己罗列购物清单并初步感知简单的运算。爸爸妈妈要有一双慧眼，抓住生活中可以让孩子进行数学学习的机会，帮助孩子爱上深奥的数学知识、练习灵敏的数学思维。

延伸练习

爸爸妈妈可以在家里开展一场测量趣味赛，和孩子一起运用各种测量工具对身体的各个部位进行测量，比如测一测每个人的身高、腰围等。

（长兴县吕山乡中心幼儿园供稿，管梦婷执笔）

第4章

陪孩子玩转世界

有趣的打击乐

生活中的音乐启蒙

美工区里放着几块用来画脸谱的石头，之前孩子们都是用它们来绘画的。在开展“感官游乐园”主题活动时，孩子们对声音产生了兴趣，总有几个小朋友会走过去敲敲打打，还常常跑来和我说“老师，这个石头敲一敲的声音真好听”“老师，石头敲起来的声音不一样耶”。

为什么同样的敲击，不同的石头会发出不同的声音呢？孩子们好像对创造声音产生了好奇……

找一找好听的声音

看到孩子们对声音这么好奇，我就请孩子们找一找教室里还有哪些东西可以发出声音。

有的孩子找来了两块积木，两块撞一撞就发出了“咚咚咚”的声音；有的孩子拿来了放玩具的筐子，往地上放一放，就发出了“嘭嘭嘭”的声音；还有的孩子拿来了建构区里的塑料瓶、奶粉罐，敲一敲后也发出了各种声音。

一时间，教室里叮叮当当的，充满了各种声音。

我和孩子们围坐在一起，我请他们介绍自己找到的物品，还请他们说一说怎么做可以发出声音来。孩子们都兴奋地和大家分享。波波开心地举起他的塑料瓶向大家介绍：“我在塑料瓶里放了各种豆子，摇一摇就能发出特别好听的声音，像下大雨一样。”

儿歌里的打击乐

这一天午餐过后，我和孩子们坐在走廊上念儿歌。

土豆土豆丝丝，

土豆土豆皮皮，

土豆丝，土豆皮，

土豆丝皮……

朗朗上口的儿歌，孩子们马上就跟着念起来。念着念着，我就拍起手来帮孩子们打节奏，孩子们也很兴奋地拍起手来。我停下来问道："除了拍手，有没有更好玩的方式可以打节奏呀？"柔柔说："还可以又拍手又拍肩膀。"她一边念着儿歌，一边做起了动作。我引导孩子们学着柔柔的样子做动作来感受节奏。过了一会儿，波波拿来他上次自制的塑料瓶乐器，一边摇一边念儿歌。"还可以用这个呀，比拍手、拍肩膀好玩多啦！"

神奇的图谱

这几天，孩子们都对敲敲打打的打击乐特别感兴趣，我抓住这个教育契机，给孩子们专门准备了一个音乐活动"小雨沙沙"。我先带孩子们认识了三角铁、沙锤、响板等打击乐器，让孩子们知道这些乐器是怎么敲击的，然后又让他们听一听乐器发出的声音。

在熟悉了歌曲以后，孩子们就跃跃欲试了。我把乐器分发给孩子们，请他们跟着音乐自己试一试。乐乐马上就提出来："老师，太吵了，一点儿都不好听。"月月也说："乱糟糟的，吵死了。"那怎么办呢？柔柔说："老师，你可以像音乐会上的指挥家一样，帮我们指挥呀。"于是，我们尝试了一下，但还是有新问题出现，小朋友们不知道什么时候应该敲击乐器，什么时候应该停下来。

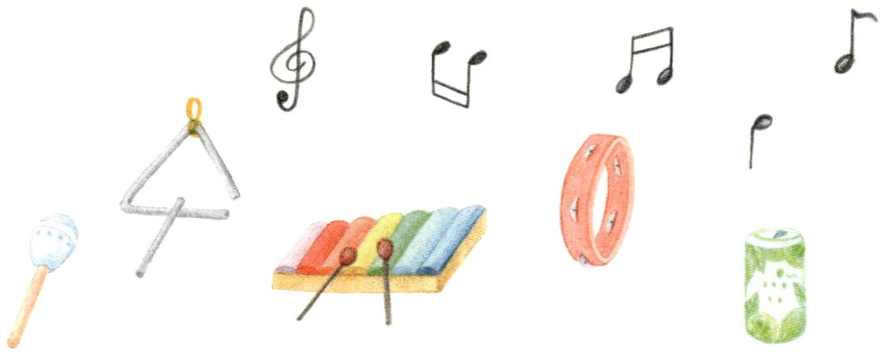

乐乐说："可以像上次那个《在农场里》一样做个谱子呀。"大家都觉得这是个好主意，便一起行动起来，自制了一张打击图谱。果然，跟着图谱来玩打击乐，大家都能统一地跟着音乐敲击了。

给爸爸妈妈的话

每个孩子都喜欢敲敲打打，对声音具有一种天生的敏感性，也对生活中各种各样的声音充满好奇。从一开始发现敲一敲石头会发出好听的声音，到最后跟着图谱来玩打击乐，老师一直是以同伴的角色参与孩子们的游戏的。在这个过程中，老师以直接引发孩子们思考的提问为主，引导孩子们一步步地发现问题并尝试自己解决问题。最后，孩子们在统一地跟着音乐敲击中收获了成功。在寻找教室里还有哪些东西可以发出声音的这个过程中，孩子们利用多种感官进行寻找，而且感受到了不同质感的物品能发出不一样的声音。在后面的故事中，孩子们对打击乐产生了兴趣。我们可以发现孩子们会从被动接受变为主动探究和发展，特别是乐乐能够链接之前的学习经验来思考、解决问题，这大大增加了小朋友们对打击乐的兴趣，激发了他们的参与性与主动性。

在孩子的生活中，音乐随处可见，特别是打击乐，有时候只需要一个小碗、一双筷子就可以敲击出动听的音乐来。在孩子进行打击乐活动时，家长提供的材料很重要。借助合适的材料，家长要能充分满足孩子探究的欲望，并启发、鼓励孩子用自己的方式进行创造性表现。比如家中常见的筷子和玻璃杯就是很好的打击乐材料，敲击水量不同的水杯产生的声音也各不相同。家长要引导孩子发现生活中的声音，让孩子对大自然中的声音充满好奇，同时和孩子一起感受、探索生活中的音乐美。

在我们日常的生活中，家长和孩子玩打击乐游戏时可以选择节奏鲜明的乐曲，比如进行曲，这样便于孩子掌握节奏特点；可以注意观察和发现孩子平时爱唱的歌曲，以从中选择适合打击配乐的乐曲。关注孩子的兴趣，更能引发孩子主动学习、主动探索打击乐的积极性。在孩子接触、感受音乐的同时，家长应该参与到孩子的活动中去，可以和孩子一起拍拍手唱童谣，一起自制音乐玩具，比如易拉罐风铃、沙锤等，一起玩打击乐的游戏。这样简单的亲子互动不仅能增进亲子感情，更能让孩子感觉到爸爸妈妈对自己音乐的肯定，从而能提升孩子的音乐素养。

延伸练习

在日常生活中，爸爸妈妈可以和孩子利用家中的废弃物自制一个小乐器，然后跟随节奏鲜明的儿歌一起玩转打击乐哦！

（长兴县小浦镇中心幼儿园供稿，陈敏书执笔）

撕纸乐趣多

撕出一个艺术世界

班级里最近掀起了一股撕纸风。每到游戏时间，一群孩子就在美工区撕纸。他们非常喜欢撕纸，而且能够把纸撕出不一样的形态。有的把彩纸撕成长条，如同长长的海带，有的把纸撕成大小不一的片状，还有的把纸撕出一道道长短不一的口子。

随即，我想到最近家长在班级群里吐槽家里的餐巾纸、卫生纸、工作文件，甚至是大宝的作业纸都成了调皮鬼“破坏”的对象。我清楚地知道，小班的孩子喜欢美工，尤其对撕撕画画感兴趣，但因为手的协调性和灵活性较差，所以需要老师的正确指导。为了让孩子们在感受乐趣、表达情感的同时潜移默化地学习技能，我组织了形式多样、层层递进的撕纸活动。

儿歌激趣，说说撕撕

“好吃的水果”活动中，孩子们像以往一样无意地撕纸，他们指着长长的红色纸条说是苹果，指着黄色的纸片说是弯弯的香蕉。我趁机走到他们的身边，蹲下说：“你们撕了好多水果哦，我也想撕个橘子。”说完，我取了一张橙色的卡纸，边撕边念。

小小手真能干，变成两张尖尖嘴，咬住纸头不松口，

一只小嘴撕圆圈，一只小嘴咬住纸，

瞧，一个橘子变出来！

孩子们一边惊叹完成的作品，一边对儿歌产生了兴趣。

多多问：“老师，你刚才念的是什么呀？”

小可说："老师，你真厉害，念儿歌就变出了个大橘子。"

七宝说："老师，我也想学你变橘子。"

怡然说："我想学这首儿歌，真神奇。"

我说："这首儿歌真的很神奇，你一念就会变出个水果。"

孩子们马上跟着我边念边撕："小小手真能干，变成两张尖尖嘴，咬住纸头不松口，一只小嘴撕圆圈，一只小嘴咬住纸，瞧，一个橘子变出来！"

不一会儿，圆形的、椭圆形的橘子都撕好了。接着，又有孩子说："我还想撕香蕉呢！"我意识到孩子们的兴趣和潜能正在被焕发，于是我抓住机遇，换了黄色卡纸，继续念。

小小手真能干，变成两张尖尖嘴，咬住纸头不松口，
一只小嘴往下撕，一只小嘴咬住纸，撕个长弯弯再回来，
瞧，一个香蕉变出来！

孩子们在获得了第一次念儿歌撕纸的经验的基础上再次尝试，撕出了不同形态的香蕉，并继续沉浸在念儿歌撕纸的乐趣中。

生动有趣的儿歌不仅能帮助孩子理解和掌握撕纸的基本技能，而且能锻炼孩子的语言能力，使原本枯燥的撕纸活动变得趣味十足。

绘本导引，填填撕撕

如果说儿歌是用来激发兴趣、学习基本技能的，那么绘本则依据故事情节让作品与作品之间产生关联，能丰富孩子的创作思维，让孩子以另一种方式体验撕纸的快乐。在绘本《好饿的小蛇》的延伸活动中，我和孩子们进行了对话。

阿宝说："小蛇真了不起，吃了那么多东西。"

我问："你们猜它还会吃什么？"

多多回答："面条吧，香香的。"

一一说："汉堡包吧，可美味了。"

小可说："我觉得是西瓜，又大又甜。"

我追问："哦，那你们能把它吃的东西用纸撕出来吗？"

孩子们回答："当然能啊，这个故事太有趣了。"

为了鼓励孩子们创作，我设计了绘本展板，先挖空了部分故事情节，然后请孩子们将小蛇可能会吃的东西用纸撕出来并添在展板上，还请孩子们分享创作的故事。多多说："小蛇看见了长长的、香香的面条，一口就吞下去了。"说完就将撕的面条添在后面。孩子们天马行空的想法得到了释放和肯定，他们再次体验了满足。

绘本图画鲜艳、形象生动，是小班孩子感兴趣的。以绘本情节为导引，将绘本内容设计成展板，并挖空部分情节留给孩子们撕纸填补，既拓展了撕纸内容，又促进了孩子们创造力的萌发。

主题融入，创编撕画

经过一段时间的实际操作和经验积累，孩子们能够将生活中常见的、简单的事物通过撕纸大概地展现出来，他们的撕纸技能也大有提升。一些孩子还试图将多个撕纸作品进行组合，形成一幅主题画。

一一撕了五彩的花朵，又撕了白云贴在花朵的上面。她问旁边的小可："我的公园漂亮吗？"小可仔细看了看说："花太少了，没有小草，没有太阳公公，不像公园。"一一又撕了长长的小草、红红的太阳，然后问多多："我的公园好看吗？"多多想了想说："没有图片上的公园好看。"一一跑来问我："老师，我的公园里有花有草，怎么不好看呢？"

针对如何让"我的公园"更丰富、更好看，孩子们展开了讨论。

小可说："图片上公园的后面都是有颜色的，她的没有。"（有背景）

七宝说："公园里还应该有大树、小河。"（有更多的景色）

多多说："还有小朋友在玩。"（还有人物）

一一说："可是你们说的那些太难了。"（不符合小班孩子的年龄特点）

小可说："可以让老师帮我们弄好，其他的我们自己来弄。"

为了支持孩子们创作，我将背景底图（背景图）和不适宜用撕纸表现的部分先提供，其余的让孩子们自由创编。

公园里还会有怎样的美景呢？孩子们联系生活中的场景进行了设计和制作，撕出了不同颜色的树叶、小草、小花。原本平面的底图，在孩子们一点一点地装扮下慢慢变得立体起来、漂亮起来。

这种围绕主题内容设计底图供孩子创作的方式，好处在于既定的主题内容首先给了孩子们一个撕纸内容的方向。有了方向后，孩子们会联想到生活中看到的事物，甚至是想象中的事物，然后把它们撕出来，一点一点地去丰富、去扩充。

给爸爸妈妈的话

孩子的手部肌肉活动越多、越精细，就越能开发孩子大脑的潜能。撕纸活动中，老师从儿歌激趣、内容添补、主题创编3个方面循序渐进地支持孩子的撕纸游戏，让小班的孩子也能玩、敢玩、"慧玩"。因此，家长在发现孩子撕扯纸巾时，千万不要大声恐吓和立马制止孩子，而是可以像老师一样理解和尊重孩子的行为表现，然后给孩子提供适宜的方法和充足的空间以支持他们的艺术创作和情感表达。同时，家长要注意以下2个方面：

❶ 重视情感体验

《幼儿园教育指导纲要》指出："要避免仅仅重视表现技能或艺术活动的结果，而忽视幼儿在活动过程中的情感体验和态度的倾向。"如果开展传统的撕纸活动，可能会限制孩子的想象和创造，将原本充满想象与创造的活动变成重复性、机械性的单一模仿操作，让孩子的兴趣大大降低。家长可以运用儿歌、绘本等支持性策略激发和维持孩子的撕纸兴趣，还可以和孩子玩一玩趣味拼贴图游戏，按图解撕出基本形状并拼贴组合成图片，比一比谁撕得快、撕得像，让孩子在游戏中体验、在体验中学习。

❷ 关注参与过程

撕纸创作是动态性、阶段性的过程，要经历从单一、低层次向多样化、高层次的转变，并不是一蹴而就的。因此，家长在孩子撕纸学习的过程中要耐心陪伴与指导，不要过分追求结果；可以和孩子一起合作完成一幅作品，过程中以大人绘画为辅，以孩子撕画为主；也可以让孩子介绍自己完成的作品并将作品悬挂展示，以此增强孩子创作的自信心。

延伸练习

爸爸妈妈可以鼓励孩子运用皱纸、布类、卡纸、塑料纸等不同材料和家人一起完成一幅主题作品，例如《我的一家人》等，然后向爷爷奶奶、外公外婆等亲近的人介绍这幅作品。

（长兴县开发区实验幼儿园供稿，袁丽亭执笔）

遇见“彩虹”

与小蚂蚁的亲密接触

早操活动结束时，我和小豆豆们在操场继续讨论毛巾的玩法。这5个机灵鬼边想边玩，玩着玩着就兴奋了起来，转起了圈圈。一个转到边上的机灵鬼说：“这里有蚂蚁！”这一声吸引了其他小豆豆的注意力。所有人都去迎接蚂蚁了，把我晾在了一旁。我本想打断，可灿灿说：“我们用毛巾给它盖个家吧。”于是，他们开始用毛巾打造房子。

看见他们用了毛巾，我没有打断他们，就坐在一旁，像极了放学后没人来接的小孩。估计他们看到了我的失落，开始一个个地跑来围着我、关心我。我想，现在又恢复了原样，那就继续与他们商量毛巾的玩法吧。商量着，商量着，蚂蚁明星又来跟我争宠了。荟宝大喊一声：“蚂蚁又来了，它喜欢我们给它搭的家。”于是，他们再一次忘记了想跟他们商量事情的我。没办法，我只有默默忍受这份孤独。

它们在这里，快捉蚂蚁

“我们把它带回教室吧！”左左轻轻地说了一句。话音刚落，右右一溜烟冲进保健室，拿了一个纸杯出来。然后，大家开启了抓蚂蚁之旅。

灿灿说：“蚂蚁好像在角落里，你看。”大家就一窝蜂地来到转弯处的角落里趴着找蚂蚁。一会儿，荟宝又说：“这里多，它们在这里，快捉蚂蚁！”大家一溜烟又跑过去。孩子们沉浸在捉蚂蚁的快乐中，还不时兴奋地叫着“老师，这里有好多蚂蚁”“老师，我捉到大蚂蚁了”“老师，看我们捉了好多蚂蚁”……

孩子们把抓住的蚂蚁装进了纸杯里，他们自己则一会儿蹲在墙角边，一会儿专注地盯着地上的缝缝。慢慢地，抓的蚂蚁越来越多。已经到吃点心的时间了，孩子们还蹲在地上，谁都不起来。

“差不多可以上去了吧，现在是吃点心的时间喽！”

“再等等好吗？这里还有，你看，小蚂蚁，这么多！”他们不假思索，马上回答我。

“快来，乐乐！乐乐，你看，蚂蚁！”他们争分夺秒地捉蚂蚁。

我继续等待着他们，之后黄老师也下来喊他们吃点心了。他们看看我，我朝他们笑笑。

荟宝最先说：“蚂蚁吃点心吗？”

一个问题，又一次让孩子们炸开锅。他们激动地讨论着，还问我：“吴老师，它们是不是吃饼干的呀？我在家里见过的。”

“它们不喝牛奶。”乐乐马上说。

荟宝开始喂养蚂蚁了。

就叫它们“彩虹”吧

在孩子们的护送下，蚂蚁来到了中一班的教室里。一进来，孩子们兴奋地告诉黄老师，这是他们的好朋友。然后，他们交流着捉蚂蚁时发现的一些秘密。左左说：“我发现墙角有很多蚂蚁洞，我看到蚂蚁爬进去了。”荟宝抢着说：“在小车边我找到了蚂蚁的家，我看见好多蚂蚁排着队从那个小洞洞里出来呢！”

一会儿，他们又找到了徐老师，让徐老师来看看他们的朋友。

徐老师问：“你们的好朋友叫什么名字呀？”

孩子们突然沉默起来，他们都没有想过这个问题。大家你一言我一语，又一次讨论起来。

“它们黑黑的，叫小黑吧！”

“小黑是条狗，它们是蚂蚁，叫小可爱吧，哈哈哈！”

“不对，徐老师叫吴老师小可爱，那它们就是吴老师了！”教室里一片欢声笑语。

“那就叫‘彩虹’吧，因为很漂亮呀，是我们的彩虹。”

最后，孩子们为蚂蚁取了名字，就叫彩虹。

“彩虹”搬家啦

吃点心啦！乐乐松开捏得紧紧的小手，原来他偷偷地在手心里藏了一只小蚂蚁。但是吃点心前要洗手，他松开手后，发现蚂蚁已经被他捏死了。“哎，蚂蚁被我捏死了，它怎么这么不经捏啊？”

我把装蚂蚁的纸杯放在电视机边上，荟宝想给它盖盖子，又担心会把蚂蚁闷死。“老师，你说要不要盖这个盖子啊？”其他孩子异口同声地说：“不要盖盖子！蚂蚁会被闷死的！”于是，荟宝拿了一张餐巾纸盖在纸杯上，然后孩子们安心地去吃点心啦。

在集中教学活动开始前，我想了解一下对于蚂蚁孩子们想了解些什么，便开展了谈话活动。一次孩子们你一言我一语地说到了很多有关蚂蚁的问题。大家讨论后，一致决定一起回家找一找有关蚂蚁的资料。可是等孩子们午睡起床后，蚂蚁不见了！连我都觉得诧异，蚂蚁居然能够从这么滑的地方爬出来！

有了这一次的经验，孩子们再次随我去户外寻找蚂蚁的时候都带上了一个小纸杯，我则准备了一些放大镜。我多么希望孩子们能像我小时候那样，看到蚂蚁搬家的壮观景象，找到蚂蚁的家，在蚂蚁的家里发现那只硕大的蚁后，看到忙碌的工蚁……

蚂蚁搬家没看到，期待中的蚂蚁搬饭粒也没看到，却发生了令人惊喜的一幕：食堂门口，一群小蚂蚁正在搬一小块肉。“蚂蚁最喜欢吃肉？”乐乐最先提出了疑问。“肉比米饭好吃！肉是香香的！”“那我们放一颗糖在地上，看一看蚂蚁会不会来吃。”“蚂蚁的家在哪里呢？它们把肉搬到哪里去了？”几个孩子拿着放大镜跟着蚂蚁去探寻了。

可惜的是，孩子们抓到的蚂蚁没能在教室里多存活几天。但在自由活动时间，孩子们已经习惯了拿着放大镜观察蚂蚁。可喜的是，孩子们在美工区里的创意绘画、橡皮泥制作都细致地表现了他们在观察蚂蚁过程中的发现：蚂蚁有6只脚，头上的触角是细细长长的；蚂蚁喜欢生活在泥地里，喜欢在树底、花下和叶下爬来爬去……

给爸爸妈妈的话

对孩子来说，小动物具有天然的吸引力，容易吸引他们仔细地观察、比较和探究。看得出，孩子对小蚂蚁充满着极大的好奇心和探索热情。其实，这也是孩子天生喜爱动物的情感的自然流露。如果你原本预设的活动是玩球游戏，而孩子突然对蚂蚁着迷了，那么就请你追随孩子的兴趣，和孩子一起探索吧！就像我们班里的小豆豆们，他们在这样一次偶然的机会中发现了蚂蚁，于是原本在玩毛巾的他们立刻将毛巾游戏抛之脑后，投入到了对蚂蚁的研究中。

探究无处不在。当孩子对蚂蚁产生探究兴趣之后，他们就会用自己的方式来观察蚂蚁的生活习性和日常点滴。孩子的视角往往是独特的，他们会有自己对于动物的敏锐观察和独特体悟，并以此来建立自身与身边事物的联系。成人所要做的，就是提供适当的支持，帮助孩子建立“探究—表达”的通道。

其实，孩子对蚂蚁有一些粗浅的认知经验，比如蚂蚁会爬、有脚，甚至有小朋友知道蚂蚁有触角等。如果孩子能进行更深入的探究，肯定会有更多的发现，也会获得有关蚂蚁的身体特征、生活习性、饮食习惯等经验，产生喜欢探究的积极情感和态度。曾听人说过，地球上只要有生命存在的地方都是有故事的。当孩子在与小蚂蚁的“对话”中用自己的方式发现问题、提出问题、解决问题时，一个个生动有趣的小故事也应运而生了。孩子在其中收获的不仅仅是知识，更是人生别样的体验。

延伸练习

爸爸妈妈可以和孩子共同收集相关资料，深入研究蚂蚁的身体特征、生活习性、饮食习惯等，进一步了解蚂蚁。

（长兴县二界岭幼儿园供稿，吴旭庭执笔）

我们一起造桥吧

建构游戏超好玩

“我的家乡”主题活动开展得如火如荼时，孩子们观察到了家乡长兴的各种各样的桥。家乡的桥是感受家乡变化的最好见证。孩子们对家乡的桥特别感兴趣，经常会在闲聊时提到自己知道的桥。

最近这段时间，幼儿园里突然有了一股搭桥热潮，孩子们在室内、户外游戏时喜欢搭各种各样的桥。一次，在南操场进行早锻炼时，几位小朋友在小水道的桥上走来走去。多多说：“我们小区旁边有一座金陵大桥，到了晚上很漂亮，有很多灯。”“我每次上幼儿园都从金陵大桥那边走。”弘毅边说边指着桥的方向。过了一会儿，孩子们开始在教室里搭起了简易的“金陵大桥”。再一次来到南操场的小水道上时，我提出要在小水道上造“金陵大桥”，孩子们一阵欢呼，对此十分感兴趣。

如何在这小水道上建造一座“金陵大桥”呢？该怎样将两边的路连接牢固呢？孩子们虽然平时有在教室里搭建的经历，但还是缺乏一定的实际性经验。为了让孩子们有更多的机会表现自己，我决定带领他们开启造桥之旅。

造桥初体验

造桥肯定少不了造桥工人和造桥设计师了。糖糖说：“我来当造桥工人，我可以搬运许多的材料来搭建。”“我也来当造桥工人。”其他孩子附和道。睿睿说：“我来当设计师，你们要听我的指挥。我们去搬一些淡蓝色木板，我看木板铺在这上面刚好合适。”于是，孩子们听指令搬来了木板，并将木板架在了小水道两边。糖糖用脚试踩了几下，说：“好像有点儿晃动。”

原来糖糖是在判断桥面是否牢固呀。

睿睿说："可以把圆柱体和长方体木块搭在桥面上做栏杆。"他一边说一边搭，糖糖和弘毅也动手将拱形积木和细一点儿的圆柱体木块组合在了一起，搭好了拱形建筑。"耶，我们的金陵大桥搭好了！"孩子们喊道。这时候，弘毅说："可是这看上去不像金陵大桥，金陵大桥的拱形可高了，这个拱形搭得太矮了。""是的，我也觉得不像，太简单了，我走在上面还有点儿摇晃呢。"初次造桥后，孩子们纷纷发表了自己的看法。

当简易的金陵大桥完成后，孩子们也陷入了困惑，他们觉得自己搭的桥不够真实。这时候，孩子们的思维渐渐从直观形象阶段向具体形象阶段发展，他们已经不满意太简易的"金陵大桥"了。

改良"金陵大桥"

孩子们找到桥的问题后，开始进行改良。木板有些摇晃，就要加厚木板。糖糖搬来了柱子似的较宽的长方体木块，并将水道里的石头清理掉了一些，然后将这些宽的长方体木块当成桥墩放在了小水道下面。接着，孩子们在桥墩上架起了长的木块，一块紧接着另一块地排列。铺好了一层后，孩子们用交错的方法来铺第二层，这次用的是统一的原木色木板。之后，孩子们用同样的方法铺好了第三层。糖糖立刻跑上去用脚踏了踏，说："现在牢固极了！"几个孩子都跑上去踏了踏，桥果真牢固了。

"好像还缺了点儿什么。""我知道了，是栏杆。""要不我们用纸筒来搭栏杆吧。"于是，孩子们将纸筒排列在桥的两边，围成了栏杆，又用木板搭了两条隔栏，并在隔栏上搭了两个金陵大桥上有的拱形物。就这样，桥顺利搭好了。"不行，这桥两边的纸筒栏杆太大了，我们都不能从上面走了，太拥挤了。"弘毅说。

通过两次的造桥体验，孩子们逐渐从简单的模仿向具体的实物表现过渡，他们在搭完桥后因对桥两边的纸筒不满意，而从审美方面和实用方面又提出了问题——如何将它改良得更好。这更加说明了孩子们的能力是在游戏中不断提升的。

造桥妥妥完成

那可以用什么来代替两边的纸筒栏杆呢？孩子们四处寻找材料，最终将目光锁定在建构区里的两块长短不一的积木上。经过一阵讨论和对比之后，孩子们决定用短的做栏杆，用长的做上面的扶手。

“我觉得可以用建构区里的旺仔牛奶罐来做拱形物，用透明胶将它们粘在一起，再将它们弯曲固定在桥面上。”当孩子们努力将旺仔牛奶罐粘起来做成拱形物时，没想到它们全部都散落在了地上。果然没有想象得那么容易。孩子们商量着要先搭好下面的柱子，然后将牛奶罐一个一个地粘起来，这样就可以成功了。于是，孩子们一边扶着牛奶罐，一边用透明胶将牛奶罐一个一个地粘起来。最后，两个大拱形物终于搭建完成了，造“金陵大桥”的活动也完美地落幕了。

从开始造桥至造桥结束，孩子们的兴趣依旧浓厚，他们不是把金陵大桥的形象简单地进行整体迁移，而是逐渐开阔了自己的思维。对于搭桥的各个部位时所用到的材料，孩子们都有自己独特的想法；在遇到困难时，孩子们也能和同伴共同解决问题。

给爸爸妈妈的话

建构游戏是孩子利用各种不同的建构玩具和建构材料进行的一种创造性造型活动。建构游戏不仅能让孩子获得丰富的知识、经验，而且可以让孩子热爱生活并得到细心、耐心、恒心等优良品质的培养。在这次搭桥过程中，我坚信每个孩子都具有一定程度的想象力和创造力，只是他们所表现的方式不同而已。在游戏中，我们要更多地给予孩子时间和空间，引导他们思考利用什么材料搭建最终才能将作品更完美地呈现。那么，如何让我们的孩子“活”起来，得到建构水平的提高呢？我们可以尝试以多种互动来推进孩子在建构游戏中的发展。

首先是孩子与环境的互动。从家乡的桥到金陵大桥，引出了在幼儿园里搭建一座桥，这激发了孩子建构的兴趣，让孩子直接地感受到了金陵大桥的特点。所以说，引导孩子去做某一件事的时候，可以让孩子先参与其中。在激发了孩子的兴趣后，会得到事半功倍的效果。

其次是孩子与材料的互动。孩子可以使用的建构材料很多，但我发现孩子选择的材料较为单一，用到的材料较少，使用时也缺少针对性。但是通过一次次商讨、交流，孩子在造桥时对材料的选择更具针对性了，建构效率也大大提高了。这提示家长们，在和孩子交流的时候也要有针对性地交流。

最后就是长幼之间的互动。老师在组织建构游戏时，会根据不同的游戏情况采取不同的介入方式，有重点地指导游戏。平常家长在和孩子交流的时候，不要觉得自己是父母就可以高高在上，而要以平等的心去对待孩子，在孩子遇到困难、寻求帮助时，家长可以和孩子一起商讨解决的办法，共同解决困难。

延伸练习

外出游玩的时候，爸爸妈妈可以请孩子观察一下各种各样的建筑物，回到家后和孩子一起动手搭一搭，培养孩子的观察能力和空间思维能力。

（长兴县实验幼儿园供稿，李飞虹执笔）

“护”冰行动

在冬天一起玩冰块

孩子们对冬天的认识是天气冷了会穿厚的衣服，会下雪，会结冰等。在谈话活动“冬天来了”中，中班的孩子说到了冬天最想做的事情。壮壮说：“我最想玩打雪仗、滑冰。”晗晗马上接过去说：“我也是，想玩滑冰，我在电视里看到过，很好玩的。”孩子们你一言，我一语。我又问道：“那现在没有下雪，也没有结冰，怎么玩这些游戏呢？有什么办法吗？”天天说：“老师，我家冰箱里有冰，倒些水在盒子里就能结冰了。”就这样，孩子们和冰块的故事开始了。

孩子们会从自家冰箱里取出怎样的冰块，也是我非常期待的。第二天早上，麻球举着冰块说：“老师，你看我的冰块，圆圆的，好可爱，放在地上还会滚呢。”“哇，这个形状很特别耶！”壮壮迫不及待地说：“老师，你看我的超级大冰块，里面还有小鱼被冻住了，它们在里面睡觉。”“老师，你什么时候带我们出去玩冰块呀？”看着孩子们兴奋的样子，我决定让他们抱着冰块走到操场上。

冰块真好玩

“宸宸，你摸摸我的冰块，滑滑的，冰冰的。”“我的也是，看，它还会自己滑下去呢。”宸宸和壮壮拿着冰块在幼儿园门口的斜坡处玩了起来。宸宸把冰块放在最高处，冰块向着下面滚去。壮壮说：“宸宸，我们来比赛吧，看谁的冰块滑得快。”壮壮的提议得到了宸宸的赞同，两人搬着冰块开始了冰块滑行大赛。“耶，我赢啦，我的冰块比你的滑得快，冰块真好玩！”

“不行，再来一次，我还没准备好。”

我静静地观察孩子们与冰块的互动，在斜坡、力度和冰块特性3个维度的探索中，孩子们通过不断试玩，感知冰块的基本特征，感受冰的奇妙和探索的乐趣。

冰块化了怎么办

在户外玩时，冰块一点一点地变小了。孩子们急坏了，连忙将冰块装在了原来的盒子里，有些盒子被放在了外面的植物角，有些盒子被端到了教室里的区角。果果又急急忙忙地对我说：“老师，不好了，冰块都化了，怎么办？都变成了水。”我问道：“冰块为什么会化掉？”“肯定是太阳晒的，太热了。”俞蒽泽说。“那你们有什么不让冰块融化的好办法吗？”麻球接着说：“我有个好主意，冰块很冷，它肯定很喜欢凉快的地方，用电风扇给它吹凉风。”“那用扇子也可以吧，我家里有扇子，明天我要带来。”“还可以吹冷空调。”“冷空调不行，现在这么冷，吹冷空调的话我们也会冻感冒的。”经过讨论，孩子们决定给冰块降降温。

给冰块扇风

看到孩子们大胆猜测、假设，我觉得必须鼓励他们用自己的方法尝试一下。孩子们开心地准备着需要的东西，找来了扇子、书本等材料。梓苒说：“老师，我给冰块扇凉风，它就不会化了。”宸宸找来一本书，加入了“扇冰”行动。没有扇子的小朋友看到后，也纷纷效仿。又过了一会儿，麻球说：“我手臂酸死了，扇不动了。”“是呀，我的手臂也很酸，这个办法不好，一直扇一直扇，我的手臂都要断了。”壮壮说。另一边，陈家亿也在喊：“老师，你快来看呀，电风扇把冰块吹化了，有水流出来了。”天天问：

“老师，为什么冰块又化得快一点儿了呢?”我说道：“你们把手伸到冰块边上试一试，有什么感觉?”“凉凉的。”“哦，我知道了，电风扇把冰块的凉气吹走了，冰块就化了。”麻球摸着下巴自言自语。

探索中，孩子们迁移自己的生活经验，觉得只要让冰块凉快，冰块就不会融化掉，而生活中让人凉快的最直接的方法就是扇扇子和吹风扇等。在操作和观察后，他们发现这些方法对“留下”冰块没有帮助，反而让冰块融化得更快。孩子们试图通过各种动手、动脑的方式解决问题和寻找答案，这也正是孩子们好探究的表现。这样的形式，不仅仅是孩子们想法的体现，而且是他们表达与内化的呈现。基于中班孩子的年龄特点，我没有过多解释风扇吹后冰块融化了的原理，而是直接让孩子们伸手感受，用他们能理解的方式帮助他们理解问题，点到即可。

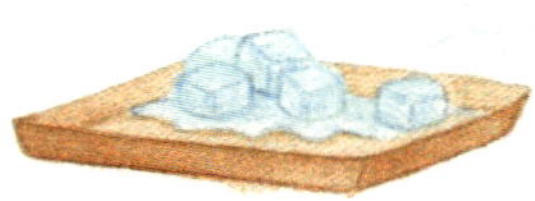

留住冰块的凉气

“凉气被扇跑了，冰块会化掉。老师，我们把冰块包起来，那凉气是不是就不会跑了呀?”墨墨歪着小脑袋问我。“那用什么包呢?”“用我的衣服吧，风都吹不进来。”壮壮指着身上的棉袄说。晗晗马上接着说：“用塑料袋，风也吹不进来的。”天天说：“给冰块盖被子吧，我盖上被子很暖和的，热气都跑不出去。把冰块藏在里面，凉气肯定跑不出去。”说完，小家伙们开始分头找材料，把教室里他们觉得能给冰块保暖的东西都用上了。有塑料袋，有小班“娃娃家”的被子，还有角色区里不穿的衣服。他们将冰块用不同材料包好后放到了科学区。

一天慢慢过去，他们一有空就会跑到科学区里看看这里，摸摸那里。快放学的时候，壮壮和小昊又跑到科学区，大喊道：“你们快来看呀，被子里的冰块没有化掉，这个方法真的有用耶。”麻球寻声跑过去，“真的吗？也太棒了，终于可以把冰块留住了，那我们是不是可以玩更多的冰游戏啦！”

给爸爸妈妈的话

在孩子们的一日生活中，老师每天都能发现许多让孩子们欣喜的“魔法时刻”。在“魔法时刻”，老师需要倾听、关注、记录、分析并判断出孩子们“哇”当中的情感、态度及能力。这场“护”冰行动中，孩子们探索了保护冰块、让冰化不融化的方法，从中我们可以识别到孩子们对感兴趣的事情的执着，也能看到他们是如何从失败中找到有效办法的。在没有冰箱的情况下，为了不让冰块融化，他们做了计划，不断地尝试、实验，这充分体现出孩子们有学习能力和解决问题的能力。

在日常生活中，当孩子想进一步了解感兴趣的事物，并尝试找到想要的答案时，爸爸妈妈不要阻碍孩子的行动，而应该给予相应的支持。尊重孩子，让孩子表达自己的想法，让孩子通过自己动手找到想要的答案。如在玩冰块后发现冰块融化，这引发了孩子们想要保护冰块、不让冰块融化的兴趣，从而让孩子们产生了对“护”冰办法的探索。在“护”冰的第一次实验中，孩子们遇到了为什么用风扇给冰块降温反而加快了冰块融化速度的问题，通过摸一摸，他们感受到有凉气冒出来，并得出把凉气扇走了所以冰块不冰了会化掉的结论。第二次实验时，孩子们根据穿衣服会让暖气不跑出来的生活经验，推测给冰块穿衣服后是不是冷气也不会跑出来，最后他们在不断地实验、比较、观察中找到了“护”冰的最好方法。在整个探索过程中，我们就着孩子们想知道的，请孩子们通过自己的方式表征，并让孩子们带着疑问通过实验验证。

延伸练习

冬天的秘密还有很多，家长可以耐心地与孩子互动，推动孩子在探究中认识周围的事物和现象，感受冬季的独特魅力。

（长兴县白岘幼儿园供稿，刘月梅执笔）

陪伴阅读可以这样做

培养阅读兴趣

邻窗而设，一面墙，一个书架，一张软沙发，地上铺着舒服的毯子、垫子，偶尔有一丝温暖的阳光照进来，这是我们新创设的阅读区。就是这样一个安静的小角落，吸引了很多孩子“光临”。

每天，孩子们都会带上自己喜欢的图书，在这个小角落里分享、阅读，或单独，或围坐，而我与孩子们的共读故事也由此展开……

封面、封底里的故事

今天阅读区里格外热闹，豆豆拿着爸爸给他买的新绘本《爷爷一定有办法》津津有味地翻阅着，旁边三三两两围着好几个孩子。

“这本书好看吗?”“这是一本什么书?”“里面有什么故事呀?”孩子们你一言我一语地问着豆豆。“看，这本书叫作《爷爷一定有办法》。”豆豆指着封面向孩子们介绍。“哦！那我知道了，里面肯定讲了一件我和爷爷之间发生的事情。”婷婷好像看懂了封面的内容。“那会是一件什么事情呢?”我忍不住问孩子们。“看，小男孩穿着的衣服还闪闪发光，肯定是爷爷给他买了新衣服。”“一定是发生在他们村落里的事，因为旁边有很多房子。”“这个爷爷一定很厉害，因为它叫《爷爷一定有办法》……”

一个封面勾起了孩子们对绘本内容的无限想象。孩子们迫不及待地翻到了封底，豆豆惊讶地喊起来：“快看，封底上有好多小老鼠。”“咦，怎么会有这么多小老鼠?”“它们和小男孩、爷爷之间又有什么关系呢?”

于是，带着诸多疑问和想象，我和孩子们开始了绘本《爷爷一定有办法》的第一次阅读之旅。

画面里的大秘密

“当约瑟还是个娃娃的时候，爷爷为他缝了一条奇妙的毯子。”我一边讲述绘本内容，一边引导孩子们观察画面内容。天天指着画面说：“哇，原来约瑟的爷爷还会缝毯子呢！”“对啊，而且是一条奇妙的毯子哦。”我故意加重了“奇妙”两个字的语气。

这会是一条怎样奇妙的毯子呢？带着这样的疑问，孩子们发现故事中的爷爷将毯子变成了外套，将外套变成了背心，将背心变成了领带，将领带变成了手帕，将手帕变成了一粒奇妙的纽扣。“这真是一个奇妙的过程！”孩子们不禁感叹道。“最后纽扣却不翼而飞了，纽扣到底去哪儿了呢？”我假装疑惑地问孩子们，他们陷入了沉思。“哦哦，我知道了，纽扣在这里，纽扣在这里。”豆豆指着画面下方的老鼠家说着。“哈哈哈，我也看到了，纽扣原来被老鼠拖到洞里去了。”“快看呀，原来约瑟家的地板下面就是老鼠的家，爷爷缝制衣服时的边角料都被老鼠拖到家里去了。”看到自己发现了画面里的大秘密，孩子们激动不已。

就这样，《爷爷一定有办法》成了孩子们每天都阅读和讨论的绘本。他们乐此不疲！

一起讨论吧

最近绘本《爷爷一定有办法》成了孩子们餐前课后的热门讨论话题，每个孩子都想充分地表达自己的理解。特别是绘本里除了有约瑟一家子之外，画面下方还有老鼠一家子，但它们的故事只有图画，没有文字。于是，围绕老鼠一家子在干什么，它们用这些布料做了什么，它们会说些什么等，我与孩子们来了一场面对面的大讨论。

“我看到老鼠妈妈用布料给鼠宝宝们做了衣服和床单。”“对，对，我觉得鼠宝宝们穿着漂亮的蓝衣服去上学后，很多老鼠都会很羡慕它们的。”

我问：“那它们会说什么呢?”

“田鼠太太看到鼠宝宝们的新衣服，肯定会问‘你们的衣服是在哪里买的？好漂亮啊’。”

我说：“小老鼠们看到蓝色纽扣后非常激动呢!”

“哈哈哈，它们高兴极了，一只说‘这是一块蓝色的宝石’，另一只说‘这是一粒珠子’，还有一只说‘不对，不对，这只是一块蓝色的石头’。他们争论不休……”

孩子们对于老鼠一家的故事充满了兴趣，在与我的讨论中，他们通过“想”，“看”清了画面的内容，在阅读中产生了丰富的联想，理清了角色之间的关系，并对故事情节进行了想象、创编。孩子们最终围绕绘本《爷爷一定有办法》创编出了系列故事：《老鼠一家的故事》《老鼠一定有办法》《老鼠一家与约瑟的故事》等。这促进了我和孩子们之间的多向交流，也进而开拓了孩子们的想象空间。

给爸爸妈妈的话

陪伴阅读就是爸爸妈妈或老师陪伴孩子阅读，引导和指导是我们在陪伴阅读时应该负有的职责。如果没有成人与孩子共读，那绘本就没有办法在孩子心中生根，孩子也没有办法对绘本形成永远深刻的印象。因为在共读的每一个情境里，我们和孩子所创造出来的那个共同的经验，是只有我们和孩子所共知的经验。

在这次绘本的共读中，老师给了孩子们充分的自主权，从封面、封底的内容入手，与孩子们一起观察画面、猜测故事内容，从而激发孩子们对阅读后面内容的兴趣，满足孩子们对阅读的期待；在阅读绘本内容的过程中，老师引导孩子们抓住关键事物猜想故事情节，让孩子们在猜想阅读中与文本进行思维的碰撞，获得阅读成就感；在重复多次的阅读之后，老师与孩子们通过讨论进行创编延伸，拓展了绘本内容，孩子们的故事想象力也在这一过程中得到了提升。

家庭是人生旅程当中最重要的阅读场所，很多图书都是在温暖的家里阅读的，因此家庭的陪伴阅读就显得尤为重要。在日常生活中，家长可以采用陪伴阅读4步法：

❶ 封面和封底不要错过

封面是一本图书的脸。很多时候，我们是从一本图书的封面来判断我们愿不愿意阅读它的。在图书的封面上一般有书名和图画，从封面上我们可以大致猜出这本书讲的是什么故事。看完封面，再看封底。在阅读故事之前，先看一看；阅读完之后，再看一看。因为有些非常淘气的作者会在封底藏些重要的秘密哦！

❷ 图文结合，漫步阅读

绘本不仅用图画讲故事，而且用文字讲故事。如果你只看图画或者文字，那就只会唤醒故事的一半生命。因此，将图画和文字结合起来阅读很重要。家长可以根据画面适当地进行提问，如问孩子“你发现了什么”“你看到了什么”等。注意：不要将共读看作考察孩子阅读能力的手段，通过开放性的问题引发孩子更广泛地思考才是重要的。

❸ 重复看几次

孩子总喜欢听同一个故事，那是因为这个故事还徘徊在孩子的心里。由于孩子的理解力有限，其关注点也会发生变化，所以每次阅读孩子都会找到新意。第一次可能他喜欢的是人物，第二次可能他喜欢的是情节，第三次可能他理解了某个词语或者概念。注意：“重复”是我们成人的概念，孩子并未觉得“重复”。“重复”对年幼的孩子来说就是一种复习习惯的萌芽，这种重复并不代表孩子记忆力差，而是说明他想把这个令他着迷的故事变成自己的东西。

④ 读后行动，拓展阅读

阅读不是读完就完的事情，成功的共读活动可以拓展孩子广泛的兴趣，所以阅读之后成人可以和孩子一起围绕孩子感兴趣的话题进行交流、讨论，进一步延伸阅读。注意：对于年幼的孩子，家长最好不要和他讨论太抽象的问题，因为阅读是一种简单的幸福，我们不要让孩子产生阅读是一种负担的错误感受。

延伸练习

爸爸妈妈可以与孩子一起创设一个家庭阅读角，并在阅读角里投放一些孩子喜欢的绘本。每天花 10 分钟与孩子一起看一看、讲一讲、说一说，让孩子爱上阅读。

（长兴县水木花都幼儿园供稿，许龙妃执笔）

秋之印记

留下秋天的多彩回忆

秋风吹过，幼儿园里到处是飘落的秋叶和花朵。孩子们喜欢这个多彩的季节，尤其是飘落的各种形状的花朵和树叶，犹如一个个奇妙的宝藏，给孩子们提供了探索、发现、表达的广阔空间，也给孩子们带来了无限惊喜。

“老师，我找到一片红色的树叶！”

“你们快看，这里有很大很大的树叶！”

“这个树叶的边缘怎么是尖尖的呀？”

……

花朵留下来了

户外游戏时，嘟嘟、淘淘和涵涵3个人拿着小锤子、木块、木板等材料开始敲敲打打。不一会儿，在远处玩过家家游戏的萌萌拿着一个杯子跑了过来，对他们说道：“这两朵花送给你们！”她倒出杯子里的花就跑开了。嘟嘟把花朵随手放在了一块木块的下面，继续敲打着。就在这时，他突然叫了起来：“你们快看！花朵被压平了！”淘淘和涵涵看见了，也兴奋地大叫起来，同时他们发现，粉色的花朵留在了木块上，而且变成了和原来不一样的形状。嘟嘟又马上告诉了在一旁玩其他游戏的孩子，他们纷纷开始寻找掉落的花朵，然后也把花朵压在木块下方敲打起来。

在这次偶发的活动中，孩子们发现落花竟然能通过这样的方式留在木块上，并且会留下不同的形状。我选择在静静观察中给孩子们提供充足的分享空间，让他们将这个有趣的现象进行交流和讨论。

树叶的印记更深

回到班级后，孩子们开始了此起彼伏的激烈交流和讨论。

我问："孩子们，你们玩游戏的时候碰到了什么有意思的事情？"

嘟嘟说："只要把花瓣敲一敲，印记就留下来了。"

涵涵说："对啊，刚才我敲出了很多很多印记！"

诺诺说："我发现轻轻敲的时候印记是浅浅的，很用力敲的时候印记深一点儿！"

随着时间推移，幼儿园里的花朵渐渐掉落，变得越来越少。当某天一场狂风暴雨过后，幼儿园里的花朵已经所剩无几。一周过后，只有嘟嘟和诺诺两个小朋友还在继续着敲打留印记的操作。但是由于几乎没有完整的花朵，嘟嘟开始捡掉在地上的落叶，用树叶代替花朵，继续敲打起来。他发现，树叶能在木块上留下更加明显的印记。偶然的新奇发现让他很激动，他挥动着手里的木块喊道："你们快看！树叶的印记更深耶！"

印记留在哪儿

在嘟嘟有了发现之后，我马上顺势抛给孩子们一个问题："印记可以留在哪里呢？"

诺诺第一个回答："我把它留在木块上了！"

我又问："还可以留在哪里呢？"

昊昊说："可以留在纸上！"

萌萌说："可以留在砖头上！"

涵涵说："还可以留在地上。"

孩子们一个个地都给出了答案。

“这些地方都可以把印记留下吗？”我又顺势抛给孩子们新的问题。

孩子们一致决定去室外试一试这些材料是不是都可以留下印记。

在启发式提问和激烈讨论后，孩子们通过直接的操作和探究发现树叶留下的印记更加明显，他们打算在户外用不同的材料进行接下来的验证。

印记都不一样

来到户外后，孩子们开始用之前讨论的材料来探索印记。木块、白纸、地面、纸巾……他们开始了对每一种材料的实验。

昊昊、涵涵和嘟嘟一起在纸巾上敲印记。他们将树叶摆在纸巾中间，再将纸巾对折，开始用锤子敲打。“老师你看，我们成功了，印记特别清楚！”

“我们也有印记！”萌萌大声地喊道。她和妍妍在用白纸制造印记，但是她们的印记明显没有纸巾上的明显。到底哪一种材料能留下更加明显的印记呢？孩子们主动开始了进一步实验。

他们找来了砖块、木块、白纸、纸巾等材料和几片香樟树的树叶，然后同时敲打。通过实验，他们发现纸巾能留下最明显的印记，并得出“纸巾吸收的树叶中的水分最多，所以印记最明显”的结论。

可是，幼儿园里的树有好多种。涵涵又有了新的疑问：“每一种树叶在

纸巾上留下的印记都是一样明显的吗？”

于是，大家进行了第二次实验。孩子们找来了几种不同的树叶，将它们全部放在纸巾上进行敲打。最终，他们发现新鲜的树叶都能在纸巾上留下明显的印记。

在实验过程中，需要引导孩子们控制变量。在第一次实验中，控制的是印的材料这一变量；在第二次实验中，控制的是树叶的类型这一变量。两次实验，我都进行了恰当的介入，保证了孩子们探究的科学性。

印记太好看了

通过对比实验，孩子们得出了纸巾吸收的水分最多、印记最明显的结论。为了把好看的印记保存下来，孩子们游戏时在艺术馆里自发开始了有趣的印记“创造”。纸巾、白色的环保布袋、手帕和T恤这些简单的材料，在孩子们的巧妙点缀下都有了独一无二的树叶印记，格外好看。孩子们也体验到了完成作品后的满满成就感。

作为孩子学习过程中的支持者，我们应该给予孩子充分感受美、表现美和创造美的机会，孩子也会以自己特有的方式表达对周围世界的认识和自己的情绪态度。

给爸爸妈妈的话

陈鹤琴先生说过：“大自然都是活教材。我们要改变传统的方法，冲破狭小的空间，让孩子到自然中去学习。”在这如诗如画的季节里，周围环境正慢慢发生着变化。我们要抓住契机，让孩子亲近美妙的大自然。一叶知秋，正如孩子们遇见了秋天的印记，于是发生了一系列探秘叶印的趣事。那么，如何才能使孩子快乐地自主探究呢？

❶ 激发孩子的兴趣，让孩子萌生主动探索的愿望

“没有丝毫兴趣的强制性学习，将会扼杀孩子探求真理的欲望。”因此，当孩子萌发好奇心时，家长可以根据需要，用变个小魔术、做个小实验、讲个小故事、猜个小谜语等多种形式激发孩子学习科学的兴趣，在轻松、愉悦的气氛中，充分调动孩子参与活动的主动性、积极性，从而让孩子萌生主动探索的强烈愿望。家长还可以在家里空的区域设立自然角、科学区、饲养角等，并带领孩子外出散步、郊游、参观、观察，让孩子融入大自然。这样不仅开阔了孩子的视野，让孩子增长了知识，而且让孩子萌生了更多的探索愿望。

❷ 注重孩子动手能力的培养，鼓励孩子自主探究

实践是认识的基础，只有通过实践才易发现问题，也只有通过实践才易解决问题。在活动过程中，家长要注重孩子动手能力的培养，尽量给孩子创造实践的机会，鼓励孩子自主探究。如为了得出“印记到底是不是一样的？”这个问题的答案，孩子们进行了两次不同的实验。第一次实验，孩子们选择了同一种树叶和不同的留印记材料；第二次实验，孩子们选择了不同的树叶，而选择的留印记材料都是纸巾。比较是孩子提升思维能力的一个重要的过程，通过自主探究，孩子能更加全面、更加精准地比较并了解事物，同时也会得到自主解决问题能力的提高。孩子们通过两次实验才最终得出纸巾吸收的新鲜树叶的水分最多，所以印记最明显的结论。

❸ 丰富孩子的游戏材料

孩子尤其钟爱在户外自由游戏。家长可以根据孩子的兴趣和需要，对游戏材料进行不同程度地增添和丰富。如果在孩子重复性的操作活动中加入了新的材料，他们会有新的发现，也会马上积极分享，这也发展了他们的语言表达能力。在开放的户外，孩子总会选取自然中的一些材料开展游戏，比如秋天到来后，掉落在地上的花朵和树叶就成了孩子游戏的独有材料。这个时

候，家长不要阻碍孩子，而应该给予相应的支持。在故事中，由于天气等自然原因，户外的落花太少，秋叶便成了孩子的新材料，他们选择了和玩落花一样的操作方式。树叶是不是可以和花朵一样留下印记呢？印记可以留在哪里呢？如果遇到这样的情况，家长不要马上说出答案，可以先跟孩子互动，在讨论中明确方向，让孩子自主思考、探究、寻找答案。家长可以适时进行启发式提问，让孩子边操作边思考，这符合孩子认知发展的规律。孩子在操作实践中既能充分发表自己的见解，与他人讨论解决问题的方法，也能在自主探究中获得新知。

延伸练习

周末的时候，爸爸妈妈可以带孩子到一些有趣的公园、动物园、植物园里看一看、摸一摸、玩一玩，充分地让孩子自主探究、尽情探索一番。

（长兴县张家村花园幼儿园供稿，陈思佳执笔）

我和导航的故事

培养前识字能力

在一次偶然的机会中，孩子们发现手机上有一个特殊的标识，这个标识引起了他们的注意。“这个标识我在爸爸妈妈的手机里看见过。”“里面有一个红气球，好像是叫什么度的。”听到孩子们议论后，我在班级里开展了一次关于认识手机上App标识的活动。

回到教室后，我将手机页面投屏到电脑上，孩子们纷纷议论起来。多多说：“有个字母C的是曹操出行，可以用来打车。”在一旁的泓霖听了，上来指了指标识说：“老师，这个有飞机的我认识，是导航。”“导航是干什么的，有什么用?”有小朋友问道。“它可以带我们去想要去的地方。”泓霖接着说。于是，放学时我给孩子们布置了一个小任务——回家先了解导航并尝试自己使用一次。

导航里的小秘密

第二天，孩子们纷纷带来了他们的导航地图。晨间活动时，我请孩子们介绍了他们的发现。阳阳说：“昨天我走路去九汇城玩，用了6分钟。导航里还有很多方式可以选择，有开车、公交、打车……”小宝说：“我和妈妈也是走路去的，我们去了喜舞道，那里是我学跳舞的地方。”“那你是怎么导航去的呢?”我追问道。“打开导航，搜索语音功能，说要去的地方就可以了。”小宝笑着回答我。“在导航地图上我还看到了很多标识，还有绿色的路线，路线上有起点和终点。”蓁蓁分享着她的发现。

导航游戏真有趣

孩子们在建构区搭起了一条长长的马路，只见马路两边还有学校、餐饮店、商店、停车场等，孩子们还将自己设计的标识贴在了各个区域。作品完成后，子晨当起了小小语音播报员，“导航开始喽，一路好心情。现在从我们幼儿园出发，经过餐饮店卢记烧饼、肯德基，走到红绿灯后向右转，看到商店八佰伴，旁边有星巴克、停车场、九汇城购物中心，然后向左转弯，经过一个红绿灯就可以到达我家——绿城广场了。欢迎你们去我家玩！”

导航带我去哪里

认识了导航地图里的一些标识后，孩子们的兴趣更浓厚了。我在游戏中设置了情境：两个孩子为一组做游戏，一个孩子说出起点和终点，另一个孩子在导航地图上操作，然后两个人共同选择最优的出行方式并画出导航的路线。只见小毅在导航地图上用开小车的方式前进着，开着开着他突然觉得很奇怪，“咦，这条路线怎么是红色的呀？和我们以前看到的都不一样！”骏艺听了嘿嘿一笑，“对啊，你们不知道吧，红色路线代表堵车，说明这条路目前有很多车。”“没事，那我们换条路线吧，导航导航请你重新开始规划路线。”小毅说道。“好的，马上帮你安排。”只见骏艺在地图上重新设计出了一条路线……

给爸爸妈妈的话

《3—6岁儿童学习与发展指南》指出：“幼儿要能理解文字是和画面对应的，是用来表达画面意义的……应在生活情境中引导幼儿自然而然地产生对文字的兴趣。”这说明在大班时，适当对孩子进行前识字能力的培养是相当必要的。但培养时，并非通过强化训练、机械训练让孩子记住某个具体的字，而是在日常生活中通过情境化、游戏化的方式，激发孩子对文字的兴趣。

我们都知道幼儿园阶段的前识字主要是指在幼儿园活动中，孩子不以识字、认字为目的，而是通过发现、认识一些图画、图示、符号等，进而“读懂”这些标识背后的文字意义。孩子们在自行操作导航App过程中，会看到导航App里的一些标识，他们会发现紫色包包代表商店，黄色小碗代表餐饮店，P是停车场，十字架就是医院……这些都在一定程度上帮助孩子们了解了符号和文字的意义。此外，孩子们还发现导航App有语音的功能。在创意拼搭过程中，孩子们进一步对标识、文字等有了相应的了解，他们将作品和图片、文字相互结合，并在同伴面前大胆展示，以体现导航的作用。最后老师创设情境，利用游戏化的形式，不仅让孩子们进一步感知并运用了文字、符号等标识，加深了孩子们在情境中的学习，而且增强了孩子们与同伴合作的意识。通过对导航的深入了解，孩子们还知道了导航中会显示堵车现象，绿色路线代表畅通，黄色路线代表缓行，红色路线代表拥堵。情境化的体验活动让孩子们沉浸在导航游戏中，收获了不一样的游戏体验和乐趣。

延伸练习

在生活中，爸爸妈妈可以和孩子一起解读玩具说明书，或者鼓励孩子用手机自助点餐等。创设有助于孩子获得文字概念的环境，不仅能有效激发孩子对符号和文字的兴趣，而且能有效促进孩子早期读写能力的发展。

（长兴县实验幼儿园供稿，金蕾执笔）

趣味石头记

认识身边的自然材料

一天午餐后，我带着孩子们散步。在经过“冒险岛”的路上，诺诺发现这条路有点儿不一样，这条路是由许多块石头铺成的。楠楠说：“我知道，这是鹅卵石，我在公园里见到过。”“是吗？那你喜欢这条石头路吗？”“喜欢呀，地上像开了花一样，好漂亮。”“我们可以在这里玩一玩吗？”“当然啦，你们都去试试吧！”

孩子们沿着石头小路上的图案，蹦蹦跳跳地玩了起来。有几个好奇心特别强的孩子还脱掉了自己的鞋子，光脚踩在了石头上。“你们有什么感觉？”“我的脚底板有点儿痛。”“石头硬硬的，一颗一颗的。”“好好玩呀……”一次石头的趣味探秘之旅开始啦！

探秘鹅卵石

孩子们对石头的兴趣日渐浓厚。通过寻找和收集，他们认识了许多不一样的石头。我们在班级里设置了一个石头小屋，孩子们每天都会主动地靠近这些他们带来的“宝贝”。通过摸一摸、玩一玩、捏一捏，他们调动了各种感官去发现鹅卵石以及其他石头的明显特征。

“鹅卵石是从哪里来的？”“为什么这些石头长得不一样？”“石头有什么用呢？”面对孩子们的一个个新问题，我鼓励他们回家和爸爸妈妈一起上网搜索、查找答案、交流分享。

之后，孩子们围绕石头展开了热烈的讨论。诺诺说：“鹅卵石有大的、小的，颜色也不一样，有灰色的、青色的、暗红色的……”彤彤说：“石头的用途很多，可以用它铺设路面，制作假山、盆景。我们幼儿园的石头小路就是用很多很多鹅卵石铺起来的。”楠楠补充说：“鹅卵石也可以叫河卵石、雨花石、文化石。”经过分享和交流，孩子们对鹅卵石的认知更丰富了。

玩转鹅卵石

在那段时间，孩子们会自然而然地用带来的各种石头玩游戏，而且玩得不亦乐乎。

爱唱歌的石头

楠楠拿起两块小石头，相互敲击后石头发出了好听的声音，他兴奋地告诉我：“小石头在唱歌。”

看到孩子们沉浸在敲敲打打的快乐中，我随即打开电脑播放了一段节奏感比较强的音乐让孩子们欣赏。我问：“你们可以让小石头跟着音乐有节奏地唱歌吗？”孩子们兴致勃勃，不但把石头当作乐器，跟着音乐节拍一起伴奏，还把游戏区里的奶粉罐、塑料罐、玻璃瓶、纸盒等也拿了过来，用石头在上面敲打伴奏。

我又问：“如果把小石头装进去，小石头又会唱什么样的歌呢？”孩子们照着我说的试了试，通过摇晃、敲打、聆听，他们发现了小石头会唱不同的歌。冉冉说：“我把大石头放进奶粉罐，发出的声音有点儿吵，听多了我的耳朵会痛痛的。”皓皓说：“两块小石头撞在一起的声音就好像是爸爸钉钉子的声音。”多多说：“小石头

在塑料罐里发出的声音是轻轻的，在玻璃罐里会发出‘叮叮’的声音。”

之后，我让孩子们自由结伴玩游戏，一个孩子先让小石头唱歌，其他孩子闭上眼睛，在不偷看的前提下猜一猜是哪个罐子里的小石头在唱歌。通过游戏，孩子们感受到了小石头与小石头、小石头与其他材料相互碰触所发出来的声音是不一样的。

石头排排队

一次，多多一块一块地在给石头排队，我发现她不是在无序地游戏，而是在按照一块黄、一块黑这样以两个为一组的规律摆放石头。

“哇，我发现这条石头路真有意思，好像有什么秘密呢！”我引导孩子们观察这些石头的特点，并按照一定规律摆放石头，比如按照大小来摆，按照方向来摆，按照形状来摆等。

孩子们自己将石头变一变、摆一摆，动手摆出了各种有规律的石头路。

摆好后，我先让孩子们猜一猜大家摆的石头路是按照什么规律来摆的，然后又让他们把有着相同规律的石头路给指出来，还鼓励他们试着用语言把这样的规律说出来。我发现孩子们在熟悉了各种石头的特点以后，对石头路规律的表达也变得越来越清楚。

石头创意画

美工区里也有很多不同的石头，孩子们会把小一点儿的石头当作拓印棒，直接用石头蘸取颜料后进行拓印。还有的孩子喜欢先在石头身上刷满颜料，然后再让石头在盒子里、白纸上、画布上翻一翻、滚一滚，这样就创作出了很多有趣的画。

我引导孩子们仔细观察这些作品，把画面上的各种线条、图案都想象成各种有趣的事物，然后和老师、同伴分享自己的绘画故事。在我的启发下，孩子们像插上了一双想象的翅膀，天马行空地进行着创编，一会儿说自己变出了美味的甜甜圈，一会儿又说变出了马路上的斑马线……

孩子们发挥了无穷的想象力、创造力，不但体验了用石头作画的快乐，还通过语言的表达积累了丰富的词汇，增强了交流的能力。用孩子们自己的话说，石头就像一位厉害的魔法师，变来变去，奇妙极了。

给爸爸妈妈的话

石头在孩子的生活中随处可见，在孩子的眼里它们是好玩的，也是神奇的。《3—6岁儿童学习与发展指南》指出："儿童有与生俱来的好奇心和探究欲望。探究既是幼儿科学学习的目标，也是幼儿科学学习的途径。"因此，我们鼓励孩子自主发现和探究大自然中、生活中的石头。

例如故事里孩子们在散步时发现了石头路，由此与石头、同伴有了互动，在看一看、玩一玩、画一画里，用石头做了很多有趣又有意义的事情。孩子们用各种感官去探索，对石头进行了寻找、观察和分析，并获得了这样的经验：鹅卵石与其他石头是不一样的；石头在大小、形状、色泽和用途上也都不同；石头有的可以用来铺路，有的可以用来装饰、美化环境，有的可以用来绘画……这些经验都来自孩子们自发性的探索行为，这是老师灌输式的"教"所不能给予的。

我想，如果孩子愿意主动去寻找、去探索、去发现那些不起眼但又有意义、有价值的事物，那么这便是孩子的一种主动学习的能力。当孩子有了这样的兴趣时，成人应进一步抓住孩子的兴趣，从他们感兴趣的问题着手，通过参与式的陪伴，在陪玩中利用这种好奇心驱动孩子主动去探索。

其实，生活中还有很多像石头这样十分容易获取的教育资源，比如生活中常见的树木。家长可以引导孩子通过各种感官主动去比较和观察每棵树的不同特征；可以让孩子用点数的方法数一数小区周围、幼儿园里有几棵树，以巩固孩子手口一致地数数的能力；可以借助网络资源、绘本等和孩子一起探索更多树的秘密，了解树与我们人类的关系；还可以通过植树、护树等为保护我们的环境贡献一份力量。

爸爸妈妈应及时为孩子搭建一个个的支架，并以合作伙伴的身份积极地参与到孩子的探究活动中去，鼓励孩子用语言描述并交流自己的想法和发现，积极地动手、动脑解决问题。

延伸练习

爸爸妈妈可以带孩子去收集不同的石头，引导孩子用各种好听的词汇对石头的特征进行描述；也可以鼓励孩子在石头上涂鸦各种图案、符号，或者运用毛根、吸管、超轻黏土等不同的材料完成创意的石头作品，之后再创编一个简单的小故事讲给身边的人听。

（长兴县画溪街道包桥中心幼儿园供稿，赵敏执笔）

纸盒机器人

掌握手工制作的小技能

近段时间，班里许多男孩子很喜欢将机器人带到幼儿园里来与同伴交换着玩，在晨间、餐后的活动中，孩子们讨论的话题更多的也是关于机器人的。“我想要一个能帮奶奶做饭的机器人。”“我要设计一个烧烤机器人。”“我以后要发明一个会造房子的机器人……”

“哇！你们的想法真的很有创意！”在及时肯定孩子想法的同时，我们应该尊重孩子学习的兴趣，为孩子提供学习的实践机会。《3—6岁儿童学习与发展指南》在艺术的目标方面指出：“喜欢进行艺术活动并大胆表现，具有初步的艺术表现与创造能力。”既然孩子们对机器人如此感兴趣，并且小脑袋里充满着奇思妙想，那就不必再等以后了，现在就自己动手制作机器人吧！

设计机器人

孩子们对机器人的兴趣，促使他们认真探究。在日常活动时，我们一起观看了机器人视频，翻看了有关机器人的绘本。在孩子们和同伴探讨的过程中，我引导他们说一说自己的想法。

孩子们带着自己的想法，开始在纸上认真画出喜欢的机器人。接着，我请孩子们向同伴介绍自己的作品。

泡泡介绍道：“我的机器人是一个会造房子的机器人，它有长长的手臂，能砌砖，还能卷东西。它的身体上有开关，每个开关的功能都不同，有运砖的，有吸水泥的，有洒水的。”的确，这个作品就像他说的那样，很是逼真！

六六自豪地说："我的机器狗可以快速扫描到物品，它的耳朵能接收信号，它的脚可以跑，还能迅速捕捉猎物。"

皓皓说："它能帮助人们做家务活，可以让自己的身体发生变异。它有的时候像个球，有的时候像木块，有的时候可以走路，有的时候可以飞行，有的时候可以滚动。"

瞳瞳画的机器人，头上还有触角。它不仅能在陆地爬行，而且可以在天上飞行；不仅能接收信号，而且能发射信号。

可见，孩子们对机器人很感兴趣，探究得也很深入。这些形象的表述在他们的设计图中表现得淋漓尽致。

制作机器人

在画完自己喜欢的机器人后，我问孩子们："你们有什么办法能让机器人立起来吗?"

孩子们讨论了起来。"可以用橡皮泥捏一个。""用积木拼一个不就好啦。""用两个牛奶盒做身体，用树枝当手臂。""我家里的机器人是用乐高搭建的……"

根据孩子们提出来的意见，我们开始寻找并收集各种能够用上的材料。泡泡最先收集好了制作所需的材料，有纸盒、矿泉水瓶、扭扭棒、一次性筷子等，他还邀请了好朋友皓皓来帮忙。

机器人是由不同大小的纸箱组合而成的。首先，在头和身体之间用一个相对较细的纸盒连接，连接处用双面胶粘贴。其次，在作为身体的纸盒下方用剪刀钻孔，将矿泉水瓶的瓶口插入孔中，用矿泉水瓶作为机器人的双腿。再次，在头的两侧用剪刀钻孔，分别插入一根一次性筷子，用筷子作为机器人的感光器。最后，用记号笔画机器人的眼睛、眉毛、嘴巴。很快，一个机器人造型出现了。

细化机器人

当给机器人的身体连接双腿时，由于矿泉水瓶的重量不够，机器人的身体部分出现了倾斜的现象，连带着双腿一起倒塌了。皓皓说："这个矿泉水瓶太轻了，机器人的身体太重了。歪歪的机器人太难看了！""我有办法！"泡泡进入了盥洗室，将两个装满水的矿泉水瓶再次连接到了机器人的身上，整个机器人的身体这次稳稳地立住了。孩子们接着用扭扭棒制作了机器人的手臂，并将剪好的三角形铁锹绕在了机器人的手中。在组合、粘贴、装饰过程中，孩子们不停地换工具，有时用双面胶，有时用透明胶，有时用毛线等。孩子们用纸箱完成机器人的制作后，还设计了一条粉色披风来装饰机器人。

给爸爸妈妈的话

手工成品具备美化生活的功能。孩子们对机器人的兴趣，促使他们认真探究。在设计机器人的活动中，孩子们不仅将机器人的外形设计得形象生动，而且在向同伴介绍时，孩子们也能大胆地介绍自己的作品。在生活中，爸爸妈妈可以从以下几个方面来培养孩子的手工制作技能。

❶ 让孩子学习各种工具和材料的使用方法

孩子有丰富的想象力，家长要有选择性地引导孩子学习一些工具和材料的基本使用方法。无论是平面手工活动，还是立体手工活动，我们首先都要让孩子了解工具和材料的特征及用途，然后让孩子学习使用方法，这样能帮助孩子学会技能并进而将技能迁移到手工制作活动中去。

❷ 给孩子提供练习机会，锻炼手的灵活性

想要帮助孩子掌握手工活动的实操技巧，家长可以先让孩子进行分步练

习，再让孩子进行整体练习。分步练习可以帮助孩子掌握每一种动作的要领。

剪：先练习剪短直线、长直线、曲线及其他各种形状，然后可以练习目测剪、沿轮廓剪和折线剪。

折：练习运用折叠、拼插、组合的方式制作立体手工作品。

粘贴：通过剪和撕两种方式将双面胶或透明胶分段，接下来用粘贴的方式将所有的零部件组合起来。

③ 将手工制作与绘画结合起来

将手工制作与绘画结合起来，可以让孩子的活动更有计划性，也能增强孩子作品的表现力，从而培养孩子的创作能力。

对孩子来说，材料能引起他们的好奇心和创造兴趣，所以家长应提供充足的材料，使每个孩子都有自主创作的条件和机会。在遇到用什么材料、工具，怎么合作、装饰等问题时，孩子会不停地思考和尝试。在灵活运用剪刀、双面胶、透明胶等常见工具进行物料间的连接时，孩子也会掌握连接的操作经验。当孩子好奇地摆弄各种纸箱、易拉罐、木块等，探索物体的质地，试图通过各种方式解决连接问题、寻找答案的时候，他们会体验到创作的快乐，而且会有强烈的想要交流的愿望与冲动。这一切都会让他们积累有价值的经验，也会让他们在操作活动中收获受益终身的学习方法和能力。

延伸练习

爸爸妈妈可以提供丰富的、便于孩子取放的材料和工具，让孩子先与材料充分接触，再练习剪、撕、粘贴等。爸爸妈妈也要鼓励孩子用自己的作品布置家庭环境，这样孩子会更有成就感。

（长兴县中心幼儿园供稿，颜凤执笔）

被淹了的小船

捕捉兴趣点，让探索自然而然

一天，在自主游戏时间，孩子们带着自己做的纸船开始了沙水池游戏。“诚诚，你快点儿把游艇放进水里呀。”在同伴的建议下，诚诚小心翼翼地把自己的纸船放进了水里。“哎呀，不行不行，游艇全湿了。”没过一会儿，游艇就淹没在水中。

“还是试试我的吧。”可乐拿着另一艘纸船放进了水里。

孩子们蹲在水坑边看着。“可乐的船真厉害，没有湿。”“为什么诚诚的船湿掉了，可乐的船还在水中漂着？”

“不好了，可乐的船也翻倒了，马上就要沉下去了！”孩子们大叫。他们一直蹲在沙水池旁边，没有走开。

既然孩子们对将纸船放进水里十分感兴趣，于是我就抓住孩子们的兴趣进行追问：“今天，你们的船里谁的更厉害呀？”

“我们的船都不行，都被水吃掉了。”“可乐的船厉害，可乐的船很晚才沉下去，诚诚他们的船马上就沉下去了。”

“为什么有的小船被淹得慢，有的小船会被淹得快一些呢？”

“因为有些纸比较薄，有些纸比较厚。”

“真的是你们说的这样吗？有的小船被淹得快，有的小船被淹得慢，这跟纸张的厚薄有关系吗？我们可以去试一试哦！”

尝试前的准备：材料大讨论

我问：“那你们觉得我们需要哪些材料呢？”

“水，我们在沙水池的时候，那里是有水的。”“要很多很多不同的纸，这样的话我们才知道哪种小船被淹得慢，哪种小船被淹得快。”“老师，我们还需要盆，用来装水的盆。”

我鼓励孩子们自己去收集需要的材料。第二天，孩子们从家中收集了各种各样的纸张，又从隔壁班级借来了盆。

“可是，这么多人，怎么行呢？我们还是分组吧，回自己的位置上。”

在可乐的建议下，孩子们自己进行了分组，之后每组选择了一种喜欢的纸张开始了探索之旅。

初尝试的惊喜：纸船浮起来

孩子们各自选择了纸张，第一组选了画纸，第二组选了餐巾纸，第三组选了报纸……他们将纸张折成了自己喜欢的小船，然后迫不及待地将小船放到了卫生间水池里装有水的盆中进行实验。“我说1、2、3，然后我们就一起放进去，看看谁的船厉害。”乐乐对着小朋友说道。

没一会儿，孩子们就大喊道：“餐巾纸船被淹了。”“餐巾纸是肯定不行的，它本来就是吸水的。”妞妞在一旁说道。随后报纸船也被淹了，画纸船坚持的时间稍微久一点儿，但是也被水浸湿了。“还是我们的画纸船厉害，坚持得最久了。”“你看，你的画纸船旁边也已经湿掉了，一点儿都不厉

害。”“你们的船都不行，它们都吸水，都被淹了。”“那小船被淹的速度肯定跟纸张的不同有关系。”

看到孩子们热烈讨论，我拿出了3种不同类型的纸张——蜡光纸、卡纸和宣纸。

我问：“你们摸一摸、看一看这些纸有什么不一样呢？”

“蜡光纸摸上去滑滑的、薄薄的。”

“卡纸是很硬的，也是比较光滑的。”“卡纸很厚，是最厚的，肯定不会被淹。”

“宣纸的颜色很白，有点儿透光，能看到对面的小朋友。”“我觉得宣纸摸上去有些毛茸茸的。”

在了解了纸张的特性以后，孩子们将这些纸张变成了一艘艘小船。我又准备了3个装有相同水量的脸盆，让3个组的孩子将纸船同时放进水里，然后观察纸船在水中的变化。

“啊呀，我们的宣纸船怎么一下子就被淹了？”“你们看，宣纸都破了，宣纸船最不牢固。”“卡纸船和蜡光纸船都挺厉害的呀，都没有被淹。”

我说：“别急，我们继续耐心等待，看一看会发生什么变化。”

数分钟过去了，卡纸船也有些坚持不住了。

“卡纸船怎么往一边倒了呀？卡纸不是最厚的吗？”“最厚的也没有用，蜡光纸不吸水，即使薄薄的，在水中也不怕。”“那小船被淹不是因为纸太薄了？”

“厚厚的小船也被淹了，吸水的纸张很快就会被淹了，不吸水的纸张就会浮起来。”

新发现的惊喜：不会被淹的材料

第二天早上，牟瑞析从家中带来了一个挖了一个洞的塑料瓶，这个洞是从侧面切出的一个长方形的口子。

“老师，这是我在家里做的小船，空的塑料瓶是可以在水里浮起来的。”

牟瑞析带来的简易小船倒是给了我惊喜，也给孩子们带来了继续探究下去的欲望。

我问：“那怎样的小船才不会被淹呢？你们可以去找一找不会被淹的材料哦！”

于是，孩子开始在幼儿园里寻找各种不会被淹的材料。

“老师，我们洗手用的装肥皂的盒子就不会被淹掉。”“走廊上有泡沫板，泡沫板肯定不会被淹的。”“你们说树叶会不会被淹掉呢？”辰辰好奇地问。

我提议：“那你们可以去试一试呀！”

塑料瓶、泡沫板、塑料筐、树叶都是孩子们能收集到的原始材料。一大早，各组的孩子就忙活了起来。

“哇，树叶船不会被淹，太厉害了。”“我们的乌篷船也成功了。”“快看，我们的塑料瓶船也没有被淹，也成功了。”孩子们都激动地大叫起来。

给爸爸妈妈的话

这次活动是基于孩子们的兴趣点，根据孩子们的需求所衍生的。在沙水池游戏中，对船的兴趣让孩子们关注到了问题所在，正是因为这是孩子们自己发现的问题，他们才有了去探索的兴趣和欲望。纸船第一次在沙水池中被淹没时，老师没有急于将答案告知给孩子们，而是通过“为什么会出现这样的情况”来引发孩子们思考。一旦有了思考和疑惑，孩子们就会主动去探究。只有自己去操作，孩子们才能够从不同的材料中感受到层次探索的魅力，从而深入发掘科学经验。在这次的活动中，幼儿园老师是能顺应孩子们的发展需要的。在游戏情境中，大家发现小船被淹的速度不一样，老师聚焦到孩子们的问题，捕捉到孩子们的兴趣，给孩子们探索的自由。

作为家长，在日常生活中我们也应该善于发现孩子的兴趣，抓住孩子探索的契机。我们的孩子在大多数的时间里都会对大自然里的事物产生兴趣，家长不要因为会搞脏衣服或者会把家里弄乱又或者担心孩子的安全问题就一味地对孩子说“不可以”。“不可以”这短短的3个字可能就抹掉了孩子最初的兴趣。同时，我们不要在孩子遇到问题的时候就马上“挺身而出”，也不要急于告诉孩子为什么是这样的。家长在孩子探究的过程中也应该学会适当地退后。

那在日常生活中，当孩子有感兴趣的事物时，我们家长应该怎么办呢？其实很简单，家长也应该管住手、闭上嘴，有时也要适当地给自己“减负”。更多时候，家长应该是一个陪伴者，一个观察者，一个供给者。在孩子探究的时候，家长不要把自己以为的灌输给孩子，而应该让孩子充分动手、动脑。家长要学会发现孩子的生长点。当孩子遇到问题的时候，家长要多问“为什么会这样？”“你觉得可以怎么办？”，把更多的主动权留给孩子。同时，家长也要多陪伴孩子开展一些活动，让孩子在不断操作和实践中收获成长！

延伸练习

家长可以和孩子在家中收集更多不同的材料，鼓励孩子自己去探索不同材质的物体在水中的沉与浮，并让孩子用自己的方式——语言、绘画等来表达在探究中的发现与思考。

（长兴县煤山镇中心幼儿园供稿，刘叶雯执笔）

藏在名字里的秘密

支持孩子的探究行为

学期中期，班里来了一位新朋友。在晨间谈话的时候，我像往常一样请新来的小朋友介绍一下自己。当骆轩驰骋介绍完自己的名字后，教室里炸开了锅。

付奕博说："好奇怪，你的名字怎么会有4个字？"

唐梦瑶说："你是姓骆，还是姓骆轩啊？"

赵匀说："我们班小朋友的名字好像只有两个字或者3个字的，你的名字太好玩了！"

于是，一个关于名字的故事就这样拉开了序幕……

好奇怪的名字

班级的"今天我是值日生"墙上有全班孩子的名字。自主游戏时间到了，几个孩子迫不及待地去墙上寻找骆轩驰骋的名字。

付奕博说："骆轩驰骋的名字好难，每一个字都很难，我一个也不认识。"这时，他突然转向我说："王老师，名字可以取4个字的吗？""也许吧，要不然你去隔壁班调查一下，看一看还有没有别的小朋友的名字也是4个字的。"我说。付奕博和一旁的唐梦瑶对视了一下，说："嗯，我们去看一看。"付奕博说完，和唐梦瑶手拉着手去了隔壁班。

他们先是来到了大二班，蹲在值日生的墙面上仔细地观察着。"嘿，你看，这里还有一个小朋友的名字也是4个字的。"付奕博的眼里闪过一道光。"王老师，这个叫什么？"付奕博把目光投向了我。"他叫陈杨懿萱。"我对他说。“原来，还真有人的名字是4个字的。”付奕博自言自语。

接着，他们又去了大三班和大四班，找了半天，没有找到4个字的名字，两个小伙伴的脸上有点儿失落。

看着孩子们对长名字产生好奇也产生困惑，我在阅读区投放了绘本《我的名字克丽桑丝美美菊花》，并在餐前时间和孩子们分享了故事。“哇，一个人的名字还可以这么长！”孩子们一个个都瞪大了眼。

全园名字大调查

唐梦瑶问我：“王老师，那我们幼儿园里的小朋友也有像克丽什么丝美美菊花这样长的名字吗？”“可能吧，你们可以自己想办法去调查一下。”“嗯。”她点点头。餐后自由活动时间到了，唐梦瑶约上付奕博出发了。“你们俩不带上纸和笔记一下吗？”我提醒他们俩。只见他们飞快地跑回教室，拿上了纸和笔。快到午睡时间了，他们俩兴奋地回到教室，手上拿着纸朝我拼命地挥挥手。付奕博激动地想跟我说他们的调查结果，我叫停了他，对他说：“你们调查了这么久，一定很有发现吧？不如，你们来和全班的小朋友分享一下？”

我坐到了付奕博的座位上，和孩子们一起等待他分享调查结果。付奕博把脸转向了同伴，然后说道：“我们把2楼都跑遍了，没有发现3个字以上的名字，都是2个字或者3个字的。”唐梦瑶也很激动，忍不住插嘴：“我们跑到1楼的时候，发现小三班有一个长名字。你们猜，她叫什么？”

大家好奇地看着她，睁大眼睛等着唐梦瑶公布结果。还没等同伴问，付奕博抢先说：“小三班的老师说她叫诸葛佩佩，就是那个诸葛亮的诸葛，我们就找到了这一个长名字。”

说一说名字里的故事

一天，骆轩驰骋和付奕博在同一个区角里玩游戏。付奕博问骆轩驰骋："你干吗叫骆轩驰骋啊？叫起来好难，我都叫不清楚了。""因为我爸爸姓骆轩，所以我也姓骆轩。驰骋是跑得快，我妈妈希望我跑得快。那你为什么叫付奕博啊？"骆轩驰骋反问付奕博。"因为我爸爸姓付，我姐姐名字中间也有个奕，我姐姐叫付奕涵。"

又是一次自主游戏，付奕博、骆轩驰骋、唐梦瑶等五六个孩子一起在美工区里画着什么。我凑近一看，原来他们在设计一张图表。只见他们在前面画了自己的头像，在后面写上了自己的名字，在最后还画了一个大大的问号。我鼓励他们："孩子们，你们的名字里有太多的秘密，晚上回去后让爸爸妈妈把你们名字的故事写下来吧。"第二天，图表的问号旁写满了爸爸妈妈的话。几个孩子又围坐在一起，兴致勃勃地介绍着自己名字的故事，我也和他们坐在一起，津津有味地听他们讲故事。

付奕博说："我和我姐姐还有我爸爸都姓付，妈妈希望我是个有很多知识的智多星，碰到困难总能自己想办法。"

李旭冉说："我妈妈姓李，我跟我妈妈姓，我妈妈说她生我的时候天刚刚亮，她希望我像刚刚升起的太阳一样有朝气。"

一圈下来后，付奕博似乎有所发现，"只有李旭冉一个人是跟妈妈姓的，我们几个都是跟爸爸姓的，我爷爷姓付，我爸爸也姓付。"

给爸爸妈妈的话

每个孩子都是具有一定学习能力的个体，孩子才是学习的主人。生活中有太多的未知等着孩子去发现、去探索。在关于名字秘密的故事中，老师主动让位，为孩子创造了更多主动学习和自主探索的机会。疑惑—调查—发现—分享的过程，始终凸显了孩子才是学习的主体。在适当的时间、适当的情境中，老师“隐性”地助推孩子能力的发展。

生活中，孩子经常会遇到让他们好奇、欣喜且值得他们探究的“魔法时刻”。当孩子遇到困难寻求帮助时，爸爸妈妈不要急于告知答案，而是要让孩子从习惯性求助逐渐转变为自行探究方法。特别是大班的孩子，爸爸妈妈要给他们创造自主探究的机会，让他们通过调查、分析、记录等验证自己的疑惑和猜测。这样不但能解决问题，而且也能让孩子在探究中获得美好心情和体验。

当孩子的探究行为遇阻时，爸爸妈妈要巧妙介入。如故事中《我的名字克丽桑丝美美菊花》绘本的投放，其实是老师对孩子求助的无痕介入。老师有意地投放绘本，让孩子在无意中获得对名字的认知。当孩子开展全园名字大调查时，老师的一句“你们俩不带上纸和笔记一下吗？”提醒孩子对调查的结果进行有序记录，以便于后期统计结果，这也让刚进入大班的孩子有了在调查活动中要进行记录和统计的学习意识。

延伸练习

实践调查、查阅书籍等方法能很好地助推孩子探究行为的深入发展。爸爸妈妈可以和孩子说一说名字的由来，让孩子了解自己名字的独特意义；也可以和孩子一起调查一下身边的亲戚、朋友都有哪些姓，了解哪些姓较多，哪些姓较少，是跟爸爸姓的多，还是跟妈妈姓的多；还可以和孩子一起阅读与百家姓相关的图书，探究更多藏在名字里的秘密。

（长兴县雉城幼儿园供稿，王凤娇执笔）

高高的迷宫球跳台

在观察中做孩子自主学习的支持者

一次户外游戏活动，几个孩子结伴选择了迷宫球、软垫、梯子3种材料进行游戏。他们将2个塑料迷宫球叠在一起，搭成了一个近2米高的跳台，并在跳台前方并排放了3块软垫，又在后面放了一个与跳台同高的双梯。我观察了孩子们的行为，明白了他们想要玩从高处向下跳跃的游戏。可是，在跳台不稳的情况下，孩子们能顺利地通过梯子爬上跳台吗？高高的跳台会给孩子们带来危险吗？他们能成功地从跳台上跳下来吗？带着这样的疑问，我打算先观察孩子们游戏。

怎样爬上迷宫球跳台

豆豆站在梯子上，想要爬上高高的迷宫球，她试着将一条腿跪在迷宫球上，可是有点儿困难，她便从双梯上走下来去穿鞋。咦？难道她打算离开这儿去玩别的游戏吗？带着这样的疑惑，我打算先按兵不动，继续观察，看一看豆豆到底会选择去还是留。只见豆豆和一旁的多多开始搬起梯子向整理柜走去。看来，孩子们已经意识到一些问题，打算用更换梯子的方法再试一试。他们会换来什么呢？我继续等待着。

一会儿后，两个孩子搬来了稍矮一些的双梯。把双梯放在迷宫球边之后，他们第二次尝试爬上跳台。豆豆又爬上了双梯，她站在最高处，双手撑在迷宫球上，准备从梯子上移动到跳台上。看到这儿，我不免有些担心，跳台是组合而成的，并不牢固，她会不会有危险呢？我悄悄地挪到孩子们身边，站在迷宫球下，打算随时出手。只见豆豆非常小心地将一条腿先跪在迷宫球上，定了定后接着试探性地将另一条腿也慢慢地跪到了迷宫球上。她成功了！看来我的担心有点儿“多余”呢！

迷宫球跳台会有危险吗

现在，豆豆准备从跳台的一端移动到正前方那端。跳台有点儿晃动，我没有说话，但看准了最佳的位置，做好了随时伸出援手的准备。只见她一条腿微屈，脚踩在迷宫球的边缘，脚底慢慢向前滑动一点儿，紧跟着另一只脚也慢慢踩上迷宫球的边缘，然后向前滑动一大步，接着她保持半蹲的姿势一步一步慢慢往前挪动，直至挪到迷宫球的前沿，然后她往下一跃，从高高的跳台上跳了下来。我很欣慰，跳台很危险，但是豆豆用她的细心和勇气战胜了它。

豆豆开始第二次尝试，这时多多钻到了搭建的跳台里。我很紧张，非常担心跳台里面的孩子会一不小心晃动迷宫球，这一晃动，跳台上的孩子很有可能会摔下来。但是，在观察孩子们游戏情况的过程中，我发现这两个孩子都比较小心、谨慎。此外，游戏的作用就在于培养孩子的能力，尤其是具有一定挑战性的游戏，能让孩子在勇气、学习品质、观察力以及预判危险性等方面都得到很好的锻炼。在这样思考后，我选择了相信孩子。但也要确保万无一失，于是我的眼睛紧紧地盯着跳台上和跳台里的这两个孩子，注意着他们的一举一动，随时预判可能发生的危险。我观察到，多多虽然在跳台里面，但没有手、脚晃动的大动作。再看跳台上的豆豆，她也发现了多多，并且停了下来，对豆豆喊道：“喂，你干吗？你干吗呀？快走！”多多从迷宫球里钻了出来，豆豆等待多多离开后才跳了下来。

游戏继续，两个迷宫球组合成的跳台有些晃动。这一次，我同样不打算提醒孩子们。因为从前两次孩子们的表现来看，豆豆应该能及时发现危险。我们可以观察一下，她会不会采取有效的措施来确保安全呢？只见她将手往前挪了挪，略做停顿，待迷宫球不晃动后，她抬起另一只脚直接踩在了迷宫球的边缘，然后用双手撑着球沿，较顺畅地往前挪动。在眼睛看着软垫定了定后，她纵身一跃，跳在了软垫上。

给爸爸妈妈的话

这是一次惊险的跳台游戏，但同时也是一次令人惊叹的能力大挑战。故事中，孩子们试图从双梯爬到叠高的迷宫球上，但他们发现从梯子爬上迷宫球有一些困难，于是他们便采用更换材料的方式进行调整。我们发现，孩子们在游戏中有对物的感知，能根据自身的感知寻找解决策略，具备一定的思维能力与解决问题的能力。

在尝试进行跳跃游戏时，孩子们非常地小心、谨慎。我们可以从观察到的运动姿态上来重点分析：采用跪爬的姿势移动可以降低身体的高度，能很好地保持人在高处时的平衡；用一只脚缓慢挪动着前进可以对游戏材料的稳定性进行试探，能判断是否可以进行身体的移动。游戏中，孩子们通过充分调动身体的多种运动能力完成了高空移动。我们看到他们能肢体协调配合，能专注、细致地观察游戏材料的变化，也能试探性地去了解物体的特性……游戏呈现了孩子们细致、耐心的品质和大胆挑战的勇气，并且展现出了孩子们较强的运动技能，这也是孩子们获得成功的关键！

当然，孩子们在游戏时也遇到了一些“危险”。两米高的跳台容易晃动，高高的迷宫球上没有足够的活动空间，这些问题给孩子们带来了很大的挑战，也让成人为之担忧。可仔细观察孩子们的游戏过程，我们发现这些困难在孩子们面前都得到了很好的解决，因为他们本身就具备一定的危险评估能力。日常生活中，我们常会看到这样一些现象：孩子喜欢在平地上蹦蹦跳跳、跑来跑去，但当路面变得狭窄或者有一定高度时，孩子的脚步就会变得缓慢且小心。从这些动作的变化上可以看出，孩子能根据周围环境的变化来调整自己的行为表现。只是我们并不清楚，当这样的危险或者难度变得十分具有挑战性时，他们是否也能够及时地做出判断并很好地保护自己。

所以，爸爸妈妈千万要注意，孩子的成功就在你的一念之间，学会观察与判断非常重要！当孩子遇到问题或者成人预判孩子可能会面临问题时，爸爸妈妈第一时间不要想着阻止孩子或者帮助孩子去解决，而是要让他们在游戏或者活动中习得自主学习的能力，这也是孩子未来学习与发展中最重要的一项能力。

那么，作为成人，我们应该如何做呢？首先，要做好应对危险的准备，可以站在离孩子较近但又不会造成影响的位置。其次，要迅速对孩子的已有经验和能力进行评估，判断孩子是不是具备足够小心和细致的品质，能不能及时发现问题并解决问题。最后，判断是否应该放手，决定是否可以给孩子提供一个自我成长的空间。而做到最后一点的基础便是要学会观察、善于观察。因此，当孩子在游戏时，爸爸妈妈不妨放下手机，试着去观察孩子，从表情、动作、语言等多个方面去了解孩子、读懂孩子。相信爸爸妈妈一定会收获许多新的发现和惊喜。

延伸练习

故事中的游戏材料是大部分家庭里不太会有的物品，那么在家中孩子可以玩哪些挑战游戏呢？爸爸妈妈可以用废旧的纸盒、塑料桶等作为孩子运动游戏的小道具。年龄小的孩子可以尝试双脚跳，随着年龄的逐渐增大，慢慢可以改为单脚跳、跳远比赛等。此外，楼梯、方块地砖等也可以作为跳跃游戏的小道具。爸爸妈妈还可以带孩子到户外，通过走又长又窄的石阶来练习孩子的平衡能力，或者利用小区、公园等公共场所的许多运动器具来进行游戏。

（长兴县中心幼儿园供稿，朱惠敏执笔）

后　记

2015年的一天，我与时任长兴县教育局局长张向前一起聊天。张局长说他一直认为学前教育是长兴教育的一个短板，要打响“学在长兴”教育品牌，学前教育还有很大的上升空间。如何把学前教育办好？他说：“张老师，我们能不能借助华东师范大学的力量，把长兴的学前教育推上一个新的台阶，推向一个新的高度？”我觉得他作为教育领域的一个领头人，既有教育谋划思维，又已达到一定的战略高度，能够考虑到整个长兴教育的这盘棋，把学前教育装在心中，是一个具有教育情怀的领导。我们应该把理想变成现实，让长兴娃能够“学在长兴”。

于是，我邀请华东师范大学学前教育系的黄瑾教授等加入研究队伍，利用华东师范大学在学前教育领域的团队优势，充实指导研究的力量。2016年1月，我和黄瑾教授等一起走到基层，为我们的教育理论找到了落地的点。我们与长兴县教育局签署了合作意向，共同承担起3个幼儿园学习共同体的指导任务。

这6年，我感受到长兴学前教育的变化。如张局长所预料的，长兴的学前教育上了一个新的台阶，到了一个新的高度。最主要的，当然是软实力和硬实力同时并进。从硬实力看，幼儿园在不断地增加，一家家漂亮的幼儿园建立起来了，每个乡镇都有了中心幼儿园和教学点。党的十九大报告中提出的幼有所育的目标，长兴已提前实现。

同时，长兴还向幼有优育这个方向去努力。幼有优育，最重要的是提高学前教育的软实力，而软实力的最重要的保障就是我们的师资队伍。在师资上，长兴县政府给予了许多人力和财政上的支持，老师的入编率上升了，收入也在不断提高。当然，最重要的是老师的专业能力得到了增强。在这6年当中，我们配合教育部门采取了一系列举措，不断推动这支队伍的质量与专业能力提升。

首先，我们进行了理论层面的培训。课题研究开始之前，我们对全县老师进行了理论培训，内容涉及了解什么是课程生活化，课程生活化的目标和内容是什么，幼儿园应该如何开展课程生活化。这一系列的培训，让我们的园长、老师对课程生活化概念的了解从模糊变到逐渐清晰，对课程生活化相关理论、内容、目标等的了解也更加深入。当然，这些不能满足我们老师开展课程生活化的需求，所以我们就另辟蹊径。我记得，我们先让老师把课程生活化延伸到环境，在环境的布置中体现出儿童的社会生活、个人生活、现实生活以及自然生活的内容。每个幼儿园都积极地去创设儿童的生活环境。同时，我们还进行了一次全面的展示、讨论、交流。环境是儿童学习中的一个非常重要的背景，让环境“说话”，让环境成为儿童的第三位老师，这体现了课程生活化所具有的开放性、本土性、生活性等特点。

紧接着，我们在与老师的接触中，感觉到老师还受到一些传统的教育理念的影响。比如说，在课程和活动当中，常常是以老师为中心的，老师把控得比较多，教的痕迹比较重。那么，老师能不能放手，以儿童为中心，根据儿童的不同年龄阶段，开展可以呈现儿童主动性、主导性、主体性的活动呢？我感到老师还有比较多的困难。因此，借助黄瑾教授的教育部人文社会科学研究规划基金项目课题“基于领域教学知识（PCK）的学前教师培训及效能研究”，我们带领长兴的课题园进行了有关PCK的研究，了解了在我们的学科当中有哪些核心的概念和经验是必须给予孩子的。在课程设计当中，我们能够牢牢地把握给孩子什么样的经验这一主题，也能够了解并根据儿童的年龄特点去优化我们的教学，还能够通过选择最合适的方法、最好的途径，让孩子积极、主动地去学习，以满足儿童的个体差异。这样的一项研究，让我们老师的专业能力得到了提升，老师也能够把学到的理论应用到实践当中去。

同时，我们让一些有条件的幼儿园和上海的名园结对。长兴先后有两批共12所幼儿园与上海的示范园、特色园进行了结对。在结对当中，我们老师感受到了近距离、手把手带教所带来的实惠。长兴的老师学到了上海的园长、老师的先进理念，看到了他们是如何做的，甚至看到了他们收到的一些效果，在回来以后尝试着做的过程当中，如果有不明白的，再去请教上海的园长和老师。上海的园长和老师也会带着他们的经验和热情到长兴来。所以，这6年当中，我们带教的幼儿园、结对的幼儿园的最大收获与体会就是：我们超前了，我们更快速地去学习，甚至践行了上海的先进教育理念。所以，老师提升得比较快。

之后，在开展课程生活化当中，我也感受到3个共同体虽紧紧地捆绑在一起，但也都有自己的园本特色。机关幼儿园共同体主要以自然科学、数学为园本特色，实验幼儿园共同体主要以语言、社会为园本特色，中心幼儿园共同体主要以健康、运动为园本特色。每家幼儿园根据自己的地理环境、自然资源、社会资源，以及自己的园本特色，形成自己的园本课程。比如说，小浦镇中心幼儿园形成了京剧特色课程内容，而且还有小军营的红色课程。有的幼儿园利用自己得天独厚的地理环境、自然环境来形成园本课程。比如说，太湖图影中心幼儿园用图影的山水作为儿童课程的内容。我觉得每家幼儿园都找到了自己课程的定位，找到了最适合自己幼儿园发展的园本课程，让孩子能够真正地将课程和自己所熟悉的生活相联系。课程不再是陌生的，不再是被动的，而是变成了孩子能够主动、积极参与的课程。记得有一次，实验幼儿园因为紧临东鱼坊历史文化街，于是开展了课程“走进东鱼坊”。哇，孩子们多么兴奋啊！他们对东鱼坊的人文、地貌、历史等的兴趣都被激发出来了，孩子们有了自然、人文、文化的积淀，也对长兴有了更深刻的认识。

另外，在践行课程生活化理念过程中，我们的家园合作实现了深度的互动。当老师将课程实施过程中的一个个鲜活的故事、一个个生动的成长案例呈现给家长时，家长开始不断地回应和反馈，把身边最好的资源与老师分享，把孩子在家中的生活也进行记录、分享。就这样，家长成了课程实施过程中的主动参与者，他们和老师一起梳理课程资源、审议课程主题，也逐渐意识到自己在幼儿教育中的作用和地位，并努力和幼儿园形成合力以促进幼儿发展。

因此，在这几年关于课程生活化的研究中，我最大的体会是长兴的幼教人对幼教有满腔热忱，从县委、县政府到县教育局，大家对学前教育的重视应该说是有目共睹的，无论是财力、人力还是物力，他们都给予了最大的支持。另外，我们的园长、普通教师、幼教干部、教研员、特级教师对幼教的执着、钻研、热爱，甚至到了一种痴迷的境界。正是因为我们的园长、老师非常愿意学习，如饥似渴地抓住所有的学习机会，所以无论是上海的结对园还是教练员，对我们老师的印象都非常深刻。我们的老师非常愿意学，非常虚心，总是抓住一切机会去提问、去看、去求，让我很感动，这也是我们长兴幼教队伍素质提升快的主要原因。

6年来，长兴县教育局通过与高校联合，加强了理论和实践的联系。我和黄瑾教授等以及上海的优秀教研员、名优园长教师也经常走访长兴的幼儿园，在专业和实践方面给予了一定的指导和支持。此外，长兴县委、县政府领导的支持，县教育局领导的重视，以及幼教干部和教研员、园长、老师的共同努力，才使长兴的学前教育呈现出蒸蒸日上、不断前进的良好发展态势。

这几年，长兴的学前教育从外在到内涵都有了一定的发展。但是，我相信长兴的幼教人决不会停步，还会继续前行。在继续前行的过程中，还有很多路要走。以儿童为本，回归幼儿的生活，联系幼儿的生活，扩展幼儿的生活。课程生活化还要走向哪里？怎样能够达到一个新的水平和一个新的高度？我们老师头脑中的课程生活化的教育理念，怎样转变为我们的教育行为？我想，努力与提升的空间还有很多。希望我们的园长、老师在上海名园、名师的帮助下，自己能够松开手，慢慢地摸索出适合长兴幼儿园的园本课程和特色课程生活化系列课程，能够从幼儿园、家庭、社会入手，建立一个科学的、完整的、三位一体的课程生活化体系。我想，这应该是我们努力的方向。

张明红

华东师范大学

2021年8月